023

팸플릿 023

지식과 문화의
공공성을 위한 길 찾기

# 다 함께 행복한
# 공공도서관

신남희 지음

한티재

# 차례

## 2부  작은도서관에서 공공도서관까지

# 책을 펴내며

1980년대 후반, 청소년들에게 문화 공간을 만들어 주고 싶었던 청년들이 힘을 모아 직접 도서관을 만들었습니다. 도심의 건물 한 층을 빌리고 책을 모았습니다. 시민들이 가방 가득 책을 담아 기증하러 오고, 청소년들은 학교를 마치고 도서관으로 모여들었습니다. 그렇게 만든 새벗도서원의 원장을 맡으며 도서관과 인연이 시작되었습니다.

2003년 MBC와 책읽는사회문화재단이 추진한 '기적의도서관 프로젝트' 준비위원으로 참여하기도 했습니다. 덕분에, 열렬한 환호와 기대 속에 전국 곳곳에서 어린이도서관이 지어지는 과정을 가까이서 지켜볼 수 있었습니다.

2018년 문재인 대통령이 서울 은평구의 구립도서관을 둘러보며 마을 주민들과 함께하는 시간을 가졌습니다. 문재인 대통령은 이 자리에서 주요 국가정책으로 도서관, 체육센터, 어린이집과 같은 인프라들을 크게 확대하겠다는 정책을 발표했습니다. 그 자리에서 대통령에게 도서관을 소개하고 도서관이 얼마나 중요한 시설인지 강조하는 영광도 누렸습니다. 구산동도서관마을을 방문한 정치인과 공무원, 마을활동가들에게 주민들이 건립 기획 단계부터 참여하여 직접 운영하고 있는 구산동도서관 사례를 널리 소개하고 알렸습니다.

대구시 최초의 구립공공도서관 공모직 관장을 거쳐 중랑구 대표도서관장으로 오기까지, 우리나라 공공도서관의 여러 현장들을 경험하고 관찰할 수 있었습니다. 2018년 서울지역 구립도서관 관장들과 함께 서울시공공도서관협의회를 만들고 공동대표를 맡아 2년 넘게 활동하면서 구립공공도서관들의 실상을 생생하게 듣고 보기도 했습니다.

2020년 기준으로 전국 공공도서관 수는 1,172개에 이르렀고, 작은도서관은 등록된 수만 6,474개에 이릅니다. 전국 상당수 지방자치단체가 공공도서관 건립을 계획하고 있거나 건립 중에 있습니다.

도서관을 이용하며 눈에 띄지 않았던 사서라는 직업이 시민들에게 익숙해지고, 도시의 이미지와 시민 생활에 영향을 미치는 공공 건축으로서 도서관 건축과 실내 디자인에 대한 관심도 높습니다. 바야흐로 지식 정보 사회를 이끌어 갈 핵심 기관으로서 공공도서관이 시민들에게 인지되고 생활 속으로 깊숙이 들어오고 있는 중입니다. 도서관 수가 워낙 부족해 민간이 일부나마 그 역할을 대신해야 했던 시대에서 공공이 건립의 당위성을 느끼고 적극적으로 나서는 시대가 되어 반갑기 그지없습니다.

이제 도서관 건립에서 한 걸음 더 나아가, 도서관이 우리 사회에서 어떤 역할을 하고 있으며 앞으로 해 나가야 할지에 대해 공공과 시민사회가 머리를 맞대고 논의하고 합의해 나갈 때가 되었습니다. 도서관을 어떤 체제로 운영해야 더 안정적으로 시민들에게 질 높은 공공서비스를 제공할 수 있을지에 대한 고민도 필요합니다.

다양한 영역의 도서관에서 일하며 느낀 도서관의 의미와 역할, 현 공공도서관 체제의 문제점과 대안에 대한 모색 등 여러 주제로 쓴 글을 정리해서 엮었습니다. 한국출판마케팅연구소에서 펴내는 『기획회의』에 2020년 1월부터 10월까지 연재한 글이 바탕이 되었고 일부 새로 쓴 글을 더했습니다. 공공도서관 관장 신분으로 직접 경험한, 도서관을 둘러싼 외적 조건과 내부 환경을 솔직히 드러내며, 더 나은 대안은 없는지 모색하는 조금은 부끄럽고 아픈 글들입니다. 하지만 이런 드러냄을 통해 공론화하는 과정이 반드시 필요하며, 그런 과정에서 우리나라 공공도서관이 한 걸음 더 나아갈 수 있으리라 믿습니다.

부족하나마 이 책이 우리나라 공공도서관이 굳건히 뿌리를 내리고 모두가 행복한 공공도서관으로 나아가는 데 작은 도움이 된다면 더할 나위 없이 기쁘겠습니다. 우리 사회의 지식과 문화의 공공성을 찾는 일에도 의미 있는 목소리가 되기를 바랍니다.

부족한 저에게 지면을 허락해 준 한국출판마케팅연구소 소장님, 책을 출판하도록 용기를 준 도서출판 한티재 오은지 대표와 변홍철 편집장께 깊이 감사드립니다.

2021년 12월
신남희

① 

# 공공도서관이
# 가야 할 길

# 도서관을 떠받치는 사람들

엄마를 따라 아장아장 도서관에 오던 아이가 자라서 청년이 되었다. 대여섯 살부터 거의 매일 도서관에 와서 책을 읽고 놀기도 하던 동욱이가 대학생이 된다고 한다. 도서관에서 자주 놀다 보니 사서의 꿈을 갖게 되었다며, 문헌정보학을 전공할 것이라고 한다. 성격 좋고 활발한 동욱이가 사서의 꿈을 잃지 않는다면, 아이들에게 인기 있고 보는 사람들까지 흐뭇하게 하는 멋진 사서가 되리라 믿는다.

　도서관에 대한 관심이 전 사회적으로 높아지고 있다. 전국 지자체에서 앞다투어 오래된 도서관 시설을 리모델링하거나 도서관을 새로 건립하고 있다. 규모나 시설 면에서 외국 어디에 내놓아도 손색이 없을 만큼 훌륭한 도서관들이 전국 곳곳에 건립되고 있으니 무척 반가운 일이다. 하지만 이제는 새로운 도서관이 건립될 때, 건물의 규모나 건축의 아름다움뿐 아니라, 그 안에서 일할 사서들의 수는 충분한지, 사서들이 안정된 신분으로 즐겁게 일하고 더 좋은 사서가 되기 위해 노력할 수 있는 환경인지 관심을 갖고 살펴보는 것이 필요하다.

## 보이지 않는 사서들의 노동

우아하게 물 위에 떠 있는 오리가 물 속에서 쉬지 않고 발을 움직여 헤엄쳐야 그 자태를 유지하는 것처럼, 한없이 여유롭고 평안해 보이는 도서관을 움직여 나가는 사서들의 노동을 기억해야 한다. 사서의 노동이 폄하되고 헐값으로 지불되면 사서들이 도서관을 떠나게 되고, 그러면 시민들은 도서관의 제대로 된 서비스를 누리지 못하게 된다. 도서관을 이용하는 시민들이 우리나라 도서관은 왜 이 모양이냐며 마음을 접어 버리지 않도록 하려면, 도서관이 돌아가도록 모든 일을 떠받치는 사서의 노동을 챙기는 것에서부터 시작해야 한다.

도서관에서 일하는 사람들에는 사서와 일반 직원이 있다. 사서는 대학이나 대학원에서 문헌정보학을 전공했거나 평생교육원 등에서 소정의 교육과정을 이수한 이들로, 자격에 따른 전문자격증을 소지한 사람이다. 사서직과 일반직의 비율은 대략 2:1 정도이고, 지방자치단체에서 직접 운영하는 직영 도서관의 경우 사서직 수가 더 적은 경우가 많다.

대부분의 구립도서관이 위탁으로 운영되는 서울시와, 대부분의 시립도서관이 직영으로 운영되는 경기도는 우리나라 도서관 행정의 앞뒷면을 이룬다. 서울시의 경우 위탁 기관이 제각각이고 고용 조건도 저마다 다른 점이 문제라면, 경기도 직영 도서관들은 사서직의 수가 너무 적고 대부분의 도서관이 행정직 관장이 잠깐씩 머무르다 떠나는 임시 정거장으로 여겨져 문제이다.

우아하게 자리를 지키며 바코드만 찍어 주면 되는 것으로 자주 오해받는 도서관 사서들의 진짜 일은 무엇일까?

사서는 책을 빌려주고, 책과 관련된 정보 서비스를 제공하며, 동아리를 만들어 사람들을 연결시킨다. 이용자들이 요청하거나 사회적으로 관심 있는 주제의 교육 강좌와 문화 프로그램들을 기획하여 강사를 섭외하고 홍보물을 만든다. 커뮤니티의 중심이자 지역 시민교육의 거점으로 공공도서관의 역할이 커짐에 따라 동아리와 프로그램의 비중은 점점 커지고 있는 추세이며, 그에 따라 사서의 업무량도 늘어나고 있다.

광역시와 자치구별로 따로 집행되는 도서 구입비 액수에 맞추어 신간 도서를 분야별로 구입하고, 문화체육관광부와 광역시, 자치구에서 수시로 요구하는 각종 공문에도 바로바로 답해야 한다. 그뿐인가. 부족한 사업비를 보충하기 위해 문체부와 출판문화산업진흥원, 문화예술위원회, 과학기술정보통신부 등 각종 정부 부처와 기관들의 공모 사업에 지원해서 사업비를 받아야 한다. 기관마다 요청하는 내용이 다르므로 그 기관의 요구에 맞추어 사업을 기획해야 하고, 선정되면 사전·사후 워크숍과 성과 발표회에 참가하는 등 부가적인 업무도 많다. 사업비 부족과 별개로, 얼마나 많은 공모 사업에 선정되었나 하는 것도 도서관 성과에 포함되므로 신경 쓰지 않을 수 없는 형편이다.

## 도서관의 가치를 높이는 사서의 노동

사서들이 주로 이용하는 인터넷 구직 사이트에는 연중 사서 모집 공고가 올라온다. 특히 연말에는 더하다. 각 도서관별로 올라오는 공고들에 제시된 사서의 급여도 제각각이다. 법정 최저임금을 간신히 지키는 곳도 있고, 서울시 생활임금 수준을 제시하는 구도 있다. 야간 10시까지 운영하는 직원들을 별도로 채용하는 개관연장직원도 최저임금을 지급하는 구가 있는 반면, 국시비 보조금에 구별 차액을 얹어 생활임금으로 지급하는 구도 있다. 사정이 이러니, 조금이라도 급여가 높은 곳을 찾아 옮겨 다니는 사서들을 탓할 수도 없다.

2019년 6월 말 기준 서울시 사서 1,640명 중 정규직이 아닌 비정규직으로 고용되어 있는 직원은 전체 직원의 3분의 1 정도이다(정규직은 1,046명이며, 무기계약직 167명, 비정규직 427명이다. 이 중 공무원 신분은 468명으로 정규직 404명, 임기제 20명, 시간제 44명이다. 비공무원 신분은 1,172명으로 정규직 642명, 무기계약직 167명, 기간제 106명, 시간제 63명, 초단시간 194명이다. 무기계약직의 경우는 고용의 안정성과 정년이 보장된다는 점에서 정규직에 포함시켰다. 김종진·박용철·윤자호·홍종윤, 『서울시 공공도서관 위탁 및 고용 실태』, 한국노동사회연구소·서울도서관, 2019). 이들 대부분은 기간제법에 의해 2년 정도 한 도서관에서 근무할 수 있고, 기간이 만료되면 다른 도서관으로 옮겨야 한다. 도서관에서 하는 업무에는 정규직과 기간제의 차이가 있을 수 없지만, 급여와 처우에서는 일정한 차이가 존재한다.

전국 도서관을 기준으로 보면, 1관당 평균 사서(정규직) 수는 국가도서관통계에 나와 있지만, 비정규직 사서의 수는 통계에

## [표 1] 지역별 1관당 평균 사서(정규직) 수 (단위: 명)

| | 2016년 | 2017년 | 2018년 | 2019년 | 2020년 |
|---|---|---|---|---|---|
| 서울 | 6.5 | 6.5 | 6.4 | 6.6 | 6.8 |
| 부산 | 6.3 | 5.9 | 6.2 | 6.2 | 6.7 |
| 대구 | 5.7 | 5.8 | 5.8 | 5.7 | 5.5 |
| 인천 | 4.8 | 4.5 | 4.7 | 4.8 | 4.7 |
| 광주 | 5.3 | 5.2 | 5.1 | 5.6 | 5.5 |
| 대전 | 5 | 5.2 | 5.1 | 5 | 5.3 |
| 울산 | 4.8 | 3.8 | 4.3 | 4.6 | 4.2 |
| 세종 | 2 | 1.8 | 1.4 | 1.4 | 1.3 |
| 경기 | 3.8 | 3.8 | 3.9 | 4.1 | 4.1 |
| 강원 | 3 | 3.1 | 3.2 | 3.4 | 3.3 |
| 충북 | 3 | 3.1 | 3 | 3.3 | 3.3 |
| 충남 | 2.7 | 2.8 | 3.2 | 3.1 | 3.2 |
| 전북 | 2.8 | 2.8 | 2.8 | 3 | 3.1 |
| 전남 | 3.3 | 3.4 | 3.4 | 3.3 | 3.1 |
| 경북 | 3.6 | 3.8 | 4 | 4 | 3.8 |
| 경남 | 4.2 | 4.4 | 4.6 | 4.6 | 4.6 |
| 제주 | 3.2 | 3.5 | 3.4 | 3.5 | 3.9 |
| 전국 | 4.2 | 4.3 | 4.4 | 4.5 | 4.5 |

＊ 지역별 1관당 정규직 사서 수는 서울특별시(6.8명)가 가장 많으며 부산광역시(6.7명), 대구광역시·광주광역시(5.5명) 순으로 나타난다.

＊ 출처: 문화체육관광부 국가도서관통계시스템 (libsta.go.kr)

나타나지 않는다. 도서관 인력의 상당 부분을 차지하고 있는 비정규직 사서의 수를 파악하는 것은 도서관 인력 현황을 제대로 알고 정책을 수립하는 데 기초가 될 것이다.

2019년 12월 계약 종료를 앞둔 직원들과 면담을 하며 지속 근무에 대한 의견을 물었다. 기왕이면 같이 일해 온 직원들과 계속 함께하고 싶은 마음으로 앞으로의 계획을 물었더니, 상당수 직원들이 떠나고 싶다고 한다. 실업급여는 생활임금이라 지금 받는 급여보다 많다며, 실업급여를 받으며 사서공무원 시험 준비를 좀 더 하고 싶다는 직원도 있고, 사서에 대한 꿈을 접고 싶다는 직원들도 여럿 있다. 사서가 되고 싶어 전공을 했고 졸업해서 사서로 취업했는데도 이 월급밖에 못 받으며 계속 비정규직으로 떠돌고 있는데, 이러고도 계속 사서를 할 수 있겠느냐는 항변 조의 말에 뭐라 대꾸할 말을 찾지 못했다.

어렵게 정규직원이 되었다고 해서 처우가 눈에 띄게 좋아지는 것도 아니다. 지방공무원에 준한다고 하지만, 대다수 사서들의 급수가 낮고 공무원들이 받는 수당까지 다 받지는 못한다. 지방공무원 임금 기준에 미치지 못하는 구도 많다.

급여가 낮은 것도 문제이지만, 서울시 구립도서관 대부분이 민간 위탁이다 보니, 오래 일해도 승진을 기대하기 어렵다. 공무원처럼 인사 이동이 가능하고 일정한 시간이 지나면 승진이 이루어지는 체계가 아니다 보니, 직장에서 희망을 갖기 어려운 실정이다.

마침 2019년 서울시는 한국노동사회연구소에 의뢰하여 서울시 사서들의 근무 조건과 처우 등 전반적인 문제에 대해 조사를 실시하였다. 사서를 대상으로 이렇게 전면적인 연구 조사가 이루어진 것은 처음이라 상당히 의미 있는 시도로 볼 수 있다. 연구 조사 결과는 예상했던 것처럼 다소 충격적이었다.

2019년 서울지역 도서관 사서 업무 대상 행정자료 분석 결과, 사서들의 평균 연령은 37.3세이고, 여성이 70.8%이며, 평균 근속 기간은 3.6년이다. 2019년 서울지역 도서관 사서 설문조사 결과, 사서 평균 근속 기간은 4.5년이며, 서울지역 사서 10명 중 7명(77.3%)이 비정규직이거나 비정규직 고용을 경험한 것으로 나타났다.

동일 설문조사 결과, 사서들의 직장 생활 만족도는 42.6점(100점 만점)이며, 임금 수준(31.7점)보다 인사 승진(29.8%)에 대한 불만족이 높았고, 만족도는 중간 관리자급이 더 낮았다.

서울지역 공공도서관 사서 10명 중 4명이 1년 이내 이·퇴직 의향을 갖고 있으며, 이·퇴직 고려의 주된 이유는 저임금 48%, 계약 기간이 정해진 비정규직 일자리여서 28.6%, 신체적 피로도가 높아서 28%, 일자리 장래성과 개인 발전 가능성이 낮아서 23.4%, 정신적 피로 등 건강상 이유로 14.9%, 각종 복지 혜택이 적어서 12%로 나타났다.

도서관을 이용하는 사람들은 무척 다양하고, 부당한 요구를 하거나 폭언, 협박을 하는 이용자들도 간혹 있다. 그들에게도 무조건 친절하게 응대해야 하기에 억울하고 속상한 마음을 속으로만 삭혀야 하는 경우가 적지 않다. 서울시 공무원들은 노동인권 조례에 따라 보호를 받지만, 사서들은 그 대상이 되지 못한다.

사서들은 업무 수행 과정에서 부당한 대우를 경험한 적이 있고, 정신건강 등에서 위험위해 요인이 높은 것으로 확인되었고, 지난 3년간 현재 업무로 인해 육체적 질병을 경험한 사서는 16.7%, 정신적 질병을 경험한 사서는 40.8%에 이르는 것으로 나타났다. 사서 노동자 중 절반 이상이 업무로 인해 아픈 경험(57.5%)이 확인되었다.

사회복지사는 별도의 처우와 관련 법률 조례를 통해 고용이나 임금, 복지, 교육 등 지위 향상을 받고 있으나, 사서 관련 입법과 조례는 없는 상황이다. 사서 권익 문제 해결을 위해 입법 및 조례 제정을 추진해야 하고, 이는 동일 유사 전문직 사례를 참조할 수 있다.

현재 공공도서관은 직영과 위탁으로 구분되어 있고, 위탁은 다시 시설관리공단이나 문화재단과 같은 공공 위탁과 순수 민간 위탁으로 나누어진다. 상시 지속 업무이면서 유사한 업무를 수행하고 있는데도 고용 형태가 달라 고용 안정 및 근로 조건에 차이가 발생하고 있는 상황이다. 이에 대하여 직무, 직급, 근무 조건 등 공통의 표준 가이드라인이 필요하다.

아울러 도서관 운영 시간, 인력 기준 등에 대해서도 공동의 기준이 필요하며, 다양한 서비스가 날로 확대되고 있는 도서관의 상황을 고려하여 그것에 걸맞은 인력 확보와 운영, 처우 보장이 필요하다.

연구조사를 실시한 한국노동사회연구소는 연구결과보고서를 제출하며 서울시에 정책 제안을 할 예정이라고 한다. 서울시가 부디 그 결과를 잘 반영하여 도서관에서 일하는 직원들이 즐겁게 자신들의 일을 할 수 있게 되기를 기대한다. 그 성과는 결국 도서관을 이용하는 시민들에게 돌아갈 것이다. 서울시가 앞서 정책을 실시한다면, 정부도 선진 사례를 전국 공공도서관에 확산하기 위해 노력하지 않겠는가. 사서를 꿈꾸는 동욱이 같은 청년들이 꿈을 잃지 않고 즐겁게 일하고 행복한 미래를 꿈꿀 수 있는 사회가 되기를 소망한다.

# 도서관 사서는 전문직인가

도서관에 관심을 갖는 정치인들이 많아졌다. 십여 년 전만 해도 선거철이면 작은도서관을 짓겠다는 공약이 있었지만, 이제 공공도서관 확충을 공약으로 내거는 후보들이 꽤 있다. 그러나 대부분의 정치인들은 도서관을 제대로 경험해 보지 않았기 때문에 도서관을 잘 모르는 경우가 많다. 그래서 정치인들에게 도서관을 적극적으로 알리고 제대로 된 도서관 정책을 요구해야 한다. 단, 도서관인들이 도서관의 사명과 역할에 대한 신념과 헌신을 보여 주는 것이 필요하다.

　과거 권위주의 정권들은 도서관을 거대한 독서실처럼 운영했다. 민중들의 계몽과 각성을 원하지 않았기 때문이다. 민중들이 책을 읽고 토론하여 깨어나는 것은 그들에게 위험한 일이었다. 그래서 권위주의 정권 시절에는 도서관을 만들고 운영하는 것도 사회운동처럼 했다.

1990년대 초반 내가 운영하던 도서관은 지금의 대형 서점 독서 코너나 북카페 같은 분위기였다. 커피를 마시며 소파에 앉아 책을 읽을 수 있고, 휴게실에서 담소를 나누거나 독서 모임을 할 수도 있었다. 당시 우리 도서관에서 가장 인기 있었던 책은 조정래의 『태백산맥』과 『아리랑』 같은 책들이었는데, 복본이 다섯 권도 넘게 있었지만 서가에 책이 없는 경우가 많았다. 지금은 믿기 어렵겠지만 당시 『태백산맥』은 이적 표현물로 공립 도서관에서 빌리기 어려웠기에 책을 구하기가 쉽지 않았다. 그런 시대적인 상황에서도 책과 도서관을 통해 사회 변화를 꿈꾸며 고민하고 실천하려 노력했다는 점에서 당시 우리 도서관 직원들은 진정한 사서였다고 생각한다.

민간 도서관 운영자로서 오랜 경험을 하고 공공도서관 관장으로 일하면서, 사서직의 전문성과 직업의식에 대해 많은 생각을 하게 된다. 때로는 소명 의식보다는 평범한 직장인으로 만족하는 사서들의 모습을 보며 실망하기도 한다. 전문직으로서 사서직에 대한 투철한 직업의식을 갖고 도서관의 역할에 대해 부단히 고민하고 노력할 때에만 사회적으로 존중받고 인정받을 수 있다고 믿기 때문이다.

## 우리나라의 사서 양성 시스템

17세기 프랑스의 가브리엘 노데는 최초의 문헌정보학 개론서라 할 수 있는 『도서관 설립법』이라는 책을 썼다. 그는 이 책에서 "도서관은 모든 민중의 문화적인 세습 재산을 보존하는 전 인류의 시설이며, 전 인류의 지식의 보고"라고 썼다.

　동시대 영국의 존 듀리는 「진보적 도서관 관리자」라는 논문을 발표하였는데, 이 논문의 요지는 다음과 같다. 종교개혁에 의하여 시대는 크게 변혁되었다. 따라서 도서관도 종래의 인습을 타파하고, 민중을 위해서 개방하고 민중으로부터 사랑받는 도서관이 되어야 한다. 자료는 민중의 정신을 함양하고 학문을 향상시키는 일용품이다. 관리자인 사서는 책을 지키고 배급하는 사람이어서는 안 된다. 학문의 안내자, 문화의 전달자와 도서관의 중개자이다. 사서는 전문직이어야 한다. 그러기 위해서 숭고한 신념과 태도를 가지고 고도의 학문을 함양하는 훈련이 필요하다. 우수한 사서로 인하여 도서관은 보편적 학문을 발전시키는 기관이 되리라는 것이다. 이러한 노데와 듀리의 도서관에 대한 인식은 오늘날에 견주어 보아도 조금도 뒤떨어지지 않는다.

　고대의 도서관은 동서양을 막론하고 학문연구소이자 학술

전문도서관의 성격을 띠고 있었다. 그곳에 종사하는 관원은 도서의 정리, 대출, 관리만을 담당하는 사무적 혹은 기술적인 문헌직이 아니라, 학문 또는 연구적 성격을 띤 문헌직이었다. 사서는 학자 출신이었으며, 학자가 종사하는 문헌직이었다.

고대 알렉산드리아 도서관의 사서였던 칼리마쿠스와 아폴로니우스는 시인이었고, 제노터스와 아리스타쿠스는 유명한 평론가이자 편집자이며 호메로스 연구의 권위자였다. 중국의 노자는 주나라 문헌실의 사서였고, 조선시대 홍문관은 궁중의 경서와 사적을 관리하고, 문한을 처리하며 왕의 자문에 응하는 일을 맡아보던 관청이었다. 사헌부, 사간원과 더불어 이른바 언론 삼사라 불렸으며, 조선시대 청요직의 상징으로 정승, 판서 등 고위 관리들은 거의 예외 없이 이곳을 거쳐 갔다.

학문과 덕망이 높은 이들이 사서로 근무했던 고대, 중세의 도서관들은 오늘날의 공공도서관과는 물론 다르다. 현대의 공공도서관은 누구에게나 열려 있는 시민들을 위한 공공시설로, 왕과 귀족을 위해 봉사했던 시대의 도서관 사서와 현재의 공공도서관 사서는 역할이 다를 수밖에 없다. 하지만 고대 도서관 사서가 담당했던 역할이 사라지는 것은 아니며, 일부 도서관들은 여전히 최고의 지식 정보 자료를 수집하고 관리하며, 필요로 하는 이들에게 연결시켜 주는 역할을 해야 한다. 가벼운 읽을거리에서 비교적 깊이 있는 자료까지 소장하고 시민들에게 제공하는 동네 공공도서관과, 국립도서관이나 시립도서관의 역할은 달라야 하는 것이다.

그런데 우리나라 사서 양성 시스템에서 학자 사서나 연구 사서가 배출될 수 있을까 의문이다. 4년제 문헌정보학 학부 과정과 대학원 석사, 박사 과정이 개설되어 있지만, 교과목들이 큰 차이가 없고 타 학문 분야에 대한 이해와 융합적인 지식을 습득할 기회가 적다. 공공도서관 현장에서도 인문학적인 소양이 필수적으로 요구되지만, 학부에서 합당한 교육이 이루어지는 것 같지 않다. 다양한 학문 배경을 가진 이들이 대학원 과정에서 사서 자격을 취득하도록 하여 주제 전문 사서를 양성하는 미국처럼 우리도 제도 개선이 필요하다.

우리나라에서 사서 자격을 취득하려면 4년제 대학 해당 학과를 졸업하지 않아도 얼마든지 가능하다. 자격증의 종류도 1, 2급 정사서와 준사서로 나뉘어 있을 뿐이다. 사서 자격은 더 세분화되어야 하고, 각각의 자격은 그에 걸맞은 과정과 교육을 이수하도록 해야 한다. 너무 평준화된 보통 수준의 사서들만 양성하는 대학과, 일정 연수 이상 현장에서 근무한 사서들을 재교육하여 전문직 사서이자 관리직으로 준비시키는 과정이 부실한 것이 문제라고 생각한다.

## 도서관에 대한 소신과 철학을 갖춘 사서로

2019년 1월 발표된 제3차 도서관발전종합계획은 '개인의 가능성을 발견하는 도서관', '공동체의 역량을 키우는 도서관', '사회적 포용을 실천하는 도서관', '미래를 여는 도서관 혁신', 네 가지를 도서관 발전 기본 방향으로 설정하고 있다. 내용 중에는 도서관 운영 체계의 질적 제고를 위해 사서 인력을 지속적으로 확대하고 재교육 및 조직 역량을 강화한다는 내용도 포함되어 있다. 특히 4차 산업혁명에 따른 기술 환경 변화에 대응하는 사서 역량 및 조직의 혁신이 필요하다는 점을 첫 번째 항목으로 꼽는다.

과학기술의 발전 속도에 따라 지식 정보를 취급하는 도서관 사서의 역량도 그에 걸맞게 강화되어야 하는 것은 분명하다. 하지만 공공도서관에서 근무하는 사서에게는 4차 산업혁명이나 과학기술에 대한 지식보다 더 필요한 능력이 있다. 바로 도서관의 공공성에 대한 깊은 인식과 도서관 사서로서의 명확한 철학이다. 공공의 예산으로 운영되는 공공도서관 직원으로서 공직에 대한 명확한 소신과 철학이 필요하지만, 그와 관련된 소양이 부족하다고 느낄 때가 많다.

교육과정으로만 보건대 우리나라 대다수 문헌정보학과는

도서관 사상과 철학을 가르치지 않는다. 실용 중심 학문으로 단순 기능인을 양성하기로 작정하지 않은 다음에야, 도서관 사상과 철학은 미래의 사서들에게 꼭 가르쳐야 하는 과정이 아닐까? 학교에서 정작 가르쳐야 할 가장 중요한 것이 바로 도서관 사상과 철학이라고 생각한다.

어떠한 분야든 자신의 일에 대한 자긍심과 전문성에 대한 탐구는 내면의 직업윤리, 철학에서 나온다. 직업윤리와 사명감을 가질 때에만 스스로 자긍심을 가지고 일할 수 있다. 직업윤리가 있을 때 사서들은 전문성을 갈고 닦기 위해 노력할 것이고, 부단히 정진할 것이며, 자존심을 지키며 일할 수 있다. 전문직일수록 직업윤리는 더욱 절실히 필요하다. 도서관학이 실용적 학문에 가깝다는 것이 지금까지의 인식이었고 교육과정도 그렇게 운영되어 왔지만, 정작 도서관에서 일하기 위해서는 전문가 의식과 철학이 꼭 필요하다.

공공도서관은 민주주의의 산물이고, 민주주의를 성숙시킬 수 있는 가장 중요한 공공기관이다. 지식과 정보의 독점을 해제하고, 도서관이 민주주의의 광장으로 변모할 수 있었던 데는 선각자들의 노력이 필요했다. 그런 과정을 거쳐 도서관은 오늘날과 같은 모습으로 발전해왔다.

사서들이 전문성을 발휘할 수 있는 환경을 만들기 위해서는 사서 스스로 전문가로서 부끄럽지 않은 소양을 갖추어야 할 것이다. 무엇보다 도서관 사상과 철학을 굳건하게 갖추고, 전문가로서 목소리를 내야 할 것이다. 그런 의미에서 문헌정보학 교육과정에서 도서관 사상과 철학을 가르쳐야 하고, 사서로서 긍지와 사명감을 갖고 일할 수 있도록 해야 할 것이다. 그렇게 할 때에만 인공지능 시대에도 지식정보 전문가로서 사서들의 역할은 변치 않고 유지될 것이다.

또한 국립중앙도서관과 지역 대표도서관은 현장 사서들이 전문직 사서로 성장할 수 있도록 충실한 교육과정을 준비하고 참가할 수 있도록 해야 한다. 소정의 교육과정을 거친 사서에게 자격을 부여하고, 전문직 사서가 시민들이 필요로 하는 정보 서비스를 제대로 제공해 줄 때 우리나라 도서관 문화는 한 단계 성숙할 것이다.

# 공공도서관은
# 어떻게 만들어지고 운영되어야 할까

## 민간 도서관과 공공도서관

십여 년 전 어느 날 이른 새벽에 짧은 문자 한 통을 받았다. "올해부터 5년간 매년 일천만 원씩 후원하겠습니다." 평소에도 꾸준히 후원해 주시는 분이었지만, 그날 새벽의 약속은 유독 기억에 남는다.

도서관을 운영하며 많은 분들을 만났다. 방송에 출연하여 시민들의 후원으로 설립한 민간 도서관의 활동을 소개하고 운영의 어려움을 털어놓자마자 바로 도서관으로 달려와 오십만 원이 든 하얀 봉투를 내밀던 노신사, 라디오 방송을 듣고 전화를 걸어 와 익명으로 후원을 약속한 중년 남성 등. 그분들은 물질적인 기부 이상의 힘을 내게 주었다. 그뿐인가. 도서관에 일거리가 좀 많다 싶으면 어디선가 나타나 도와주던 시민들의 자원활동도 큰 힘이 되었다. 그분들의 후원과 자원 활동 덕분에, 지칠 때에도 힘을 낼 수 있었고 도서관 운동을 하는 보람과 자부심을 가질 수 있었다.

공공에서 설립한 도서관 역시 그런 시민들의 지지가 바탕이 될 때 든든한 힘을 가질 수 있다. 관이 꽉 막힌 채 소통이 되지 않고 일방통행 행정이 지배적일 때 민은 공동체에 필요한 것을 스스로의 힘으로 만들어 냈다. 그 과정은 쉽지 않지만, 공동체에 가치 있다고 여겨지는 일을 시민들이 힘을 모아 성취해 나갈 때에는 희열과 보람이 함께한다.

시민의 힘으로 도서관을 만들면 지역 공동체에 대한 자부심이 높아지고 애향심이 생기며, 시민들이 도서관의 고객이 아니라 주인이 될 수 있다. 시민이 도서관의 주인이 될 때, 도서관은 마을의 중심이 되고 공동체의 자산이 될 수 있다. 그렇게 될 때 시민들은 도서관에 기부를 하고 자원봉사도 하게 된다. 도서관에서 아이디어를 얻고 준비 과정에 도움을 받아 창업에 성공한 사람이 이후 도서관에 거액을 기부하는 일이 가능하게 되는 것이다.

시민들의 회원제 도서관이 공공도서관 건립의 모태가 되어

[표 2] 전국 공공도서관 현황 (단위: 개관)

| 설립 주체 | 2016년 | 2017년 | 2018년 | 2019년 | 2020년 |
|---|---|---|---|---|---|
| 지자체 | 758 | 791 | 840 | 876 | 914 |
| 교육청 | 231 | 231 | 233 | 234 | 235 |
| 사립 | 21 | 20 | 23 | 24 | 23 |
| 전체 | 1,010 | 1,042 | 1,096 | 1,134 | 1,172 |

\* 출처: 문화체육관광부 국가도서관통계시스템 (libsta.go.kr)

도서관 건립 운동이 일어나고 지역민들이 힘을 모아 도서관을 만들어 나간 사례가 미국 공공도서관 역사에는 많다고 한다. 작가 수전 올리언은 그의 소설 『도서관의 삶, 책들의 운명』에서 공공도서관이 미국 사회에서 차지하는 위상과 역할을 생생하게 보여 준다. 공공도서관을 설립하기 위해 협회가 결성되고, 화재가 난 도서관을 복구하기 위해 기금 모금부터 자원봉사에 이르기까지 시민들이 힘을 모으는 모습에서 도서관이 지역민들에게 얼마나 지지를 받는지 느낄 수 있다.

우리나라에도 민간에 의해 만들어진 수많은 회원제 도서관들이 있었는데, 그런 도서관들은 왜 공공도서관 건립의 든든한

**[표 3] 공공도서관 수** (단위: 개관)

|  | 2016년 | 2017년 | 2018년 | 2019년 | 2020년 |
|---|---|---|---|---|---|
| 서울 | 147 | 160 | 173 | 180 | 188 |
| 부산 | 40 | 40 | 43 | 44 | 47 |
| 대구 | 35 | 36 | 41 | 43 | 44 |
| 인천 | 47 | 48 | 50 | 53 | 55 |
| 광주 | 22 | 23 | 23 | 23 | 24 |
| 대전 | 24 | 24 | 24 | 26 | 25 |
| 울산 | 17 | 18 | 19 | 19 | 19 |
| 세종 | 5 | 5 | 10 | 11 | 12 |
| 경기 | 244 | 250 | 264 | 277 | 286 |
| 강원 | 54 | 56 | 57 | 58 | 59 |
| 충북 | 44 | 45 | 45 | 48 | 50 |
| 충남 | 59 | 59 | 62 | 63 | 63 |
| 전북 | 58 | 58 | 58 | 59 | 63 |
| 전남 | 64 | 67 | 69 | 70 | 71 |
| 경북 | 64 | 65 | 65 | 66 | 69 |
| 경남 | 65 | 67 | 71 | 72 | 75 |
| 제주 | 21 | 21 | 22 | 22 | 22 |
| 전체 | 1,010 | 1,042 | 1,096 | 1,134 | 1,172 |

\* 출처: 문화체육관광부 국가도서관통계시스템 (libsta.go.kr)

주춧돌이 되지 못했을까? 민의 운동은 제쳐두고 관이 의제를 가져가 독단적으로 일을 추진해 버린 것이 아닐까? 그래서 민은 소외되고, 관은 시민들의 지지를 받지 못하며, 시민들은 구경꾼이 되어 버리는 것이 아닐까? 어쩌면 이런 일들이 도서관 말고 다른 분야에서도 숱하게 일어나고 있는 것이 아닐까?

## 주민 참여가 중요한 이유

구산동도서관마을을 방문한 서울의 모 구청장이 감명을 받아 구청 직원들에게 지시했다고 한다. 주택을 매입해서 구산동도서관마을과 똑같은 도서관을 만들어 마을 사업을 활성화시키라고.

구산동도서관마을 리모델링은, 1970년대에서 2000년대까지 각각 다른 시기에 지어진 한옥 다섯 채와 다가구주택 세 채를 매입한 상황 속에서 이루어진 선택일 뿐, 다른 조건과 상황이었다면 전혀 다른 결과물이 나왔을 것이다. 사실 한옥이나 다가구주택은 도서관 용도로 적합하지 않다. 방이 작고 천장은 낮으며, 여러 채의 건물을 연결하다 보니 경사가 가파른 곳이 있어서 책 수레를 끌고 다니기 어렵다. 건물 연결 부분에서 발생한 누수는 아직도 완전히 해결하지 못하고 있다. 방음도 잘

안 된다.

그럼에도 구산동도서관마을은 공공도서관이 마을과 어떻게 관계 맺을지에 대해 생각할 거리를 던져 준다. 건축 설계 과정에서 수많은 사람들의 생각과 지혜가 모아져 협치의 건축이 가능했다. 구산동도서관마을의 독특한 건축 형태와 실내 구조는 관에서 일방적으로 지어 완공하는 기존 공공 건축 방식에서는 나오기 힘든 모델이다.

전국 곳곳에서 도서관을 지어 달라고 주민들이 청원을 하고 집회도 하였지만, 도서관을 짓기로 결정한 시점부터는 주민들이 참여할 길이 막혀 버리고 관 주도의 일방통행으로 일이 진행되는 것을 여러 번 목격하였다. 그랬기에 도서관 건립 결정과 건축 과정에서 시민들의 참여를 제도적으로 보장한 은평구의 열린 행정은 도드라져 보인다.

공공의 사업에 민간 참여를 어떻게 보장할 것인가는 우리 사회에서 여전히 중요한 문제이다. 공공 정책의 기획과 집행 과정에서 관이 더 효율적으로 일하기 위해서도 그렇고, 민간이 비판만 하는 집단이 아니라 책임 있는 주체로서 의식을 갖고 공공사업에 참여하게 되는 면에서도 그렇다.

시민들이 건립 과정에 주도적으로 참여할 수 있었던 탓에 구산동도서관마을에 대한 시민들의 지지는 무척 높다. 우리가 만

든 도서관이라는 자부심이 강하다. 은평구의 랜드마크로 꼽는
데 주저하지 않는다. 여러 기관과 개인들이 도서관을 방문하
여 공동 사업을 제안한다. 지역 단체들이 교육을 위한 공간 대
관이나 공동 행사 개최를 요청하고, 동네에서 활동하는 예술가
들이 기획서를 가져와 강좌를 열자고 제안하기도 한다. 사진작
가와 화가들은 도서관 내 공간을 빌려 수시로 작품 전시회를
연다. 도서관의 다양한 동아리들은 마을공동체지원센터나 독
서동아리지원센터 등이 주관하는 공모 사업에 참가하여 받은
지원금으로 흥미로운 사업을 벌이기도 한다.

　모든 도서관들이 구산동도서관마을처럼 건립될 수는 없겠
지만, 주민 참여를 높이려는 다양한 시도들이 꼭 필요하다고
여겨지는 이유이다. 주민들이 도서관을 서비스를 제공하는 단
순한 행정기관으로 느끼며 스스로를 소비자 혹은 고객이라고
여기는 것과는 분명히 다른 것이다.

## 도서관 건립과 운영은 공공의 힘으로

2018년 문재인 대통령의 방문 이후 정부 부처와 전국 지방자
치단체, 교육청, 민간 등 많은 기관과 단체가 벤치마킹을 위해

도서관을 방문하였다. 그들은 구산동도서관마을을 위탁 운영하는 협동조합에 대해 큰 관심을 보였다. 정부가 도서관이나 어린이집, 극장, 체육시설 같은 생활 SOC 시설(보육·의료·복지·교통·문화·체육 시설, 공원 등 일상생활에서 국민의 편익을 증진시키는 모든 시설) 조성에 막대한 예산을 투입하겠다는 정책을 발표한 터였고, 그런 시설을 지역 협동조합들이 맡아서 운영하면 어떨지 궁리해 보는 것 같았다.

하지만 도서관을 협동조합이 위탁 운영하는 것이 바람직한 대안인지는 의문이다. 구산동도서관마을의 여러 장점에도 불구하고, 협동조합이 도서관을 운영하는 것에 대해서는 냉정한 평가가 필요하다. 유료 체육시설이나 극장처럼 수익이 발생하는 시설과 달리, 도서관은 수익이 거의 발생하지 않고 공공 예산으로만 운영되는 기관이다. 전문적인 서비스를 제공하는 공적 기관인 공공도서관은 도서관에 대한 전문성을 가진 기관이 운영해야 한다. 도서관은 전문 사서들이 운영해야 하고, 도서관다운 방식으로 마을과 만날 수 있어야 하며, 그렇게 할 때 지역 전체를 위해 더 많은 일을 할 수 있다.

몇 년 전 유명 건축과 교수가 인기 TV 프로그램에 출연하여 주민 참여형 건축의 모범으로 구산동도서관마을을 소개하며, 사서가 한 명도 없고 자원봉사자들이 전적으로 운영하는 도서관이라고 자랑스럽게 말한 적이 있다. 관장을 포함해 스무 명이 넘는 직원들이 일하고 있는 도서관을 자원봉사자만으로 운영하는 도서관이라고 하다니! 또 그 방송 프로그램 관련 PD와 작가들 아무도 그것에 이상한 점을 느끼지 못했다니!

해당 내용을 확인한 직후 방송사에 정정 보도를 요청했고, 방송국이 정정하는 내용의 자막을 내보냄으로써 해프닝으로 끝났지만, 도서관에 대한 우리 사회 인식의 일단을 보여주는 것 같아 씁쓸했다. 도서관과 관련한 문제에 있어서는 정치인과 지식인, 마을활동가 할 것 없이 모두 전문가라도 되는 것처럼 자신의 식견을 과신하는 태도를 버렸으면 한다. 그 문제가 우리 도서관 발전의 가장 큰 걸림돌이라고 생각될 지경이다.

이제 민간에서 도서관을 설립하고 직접 운영하는 시대는 지나가고 있다. 공적 예산을 투입하여 지자체가 건립하는 공공도서관은 지자체가 직접 운영하거나, 지자체 출연 공공 재단, 혹은 전문성이 있는 기관이 운영해야 한다. 다만, 시민들의 지지를 받으며 시민들을 위한 도서관으로 거듭나기 위해 시민들이 참여할 수 있는 다양한 길을 열어 주어야 한다.

우리도 도서관 운영에 있어서 미국처럼 도서관위원회를 설치하는 방안도 적극적으로 고민해 볼 필요가 있다. 미국 도서관은 시에서 직접 운영하고, 지역 유지들로 구성된 도서관위원회가 기금을 모으고 관장을 선임하는 등 도서관 운영에 필요한 지원을 담당한다고 한다. 도서관위원회가 실질적인 권한을 갖고 도서관 운영을 지원한다는 점에서 형식적 자문기구의 역할에 그치는 우리나라 도서관 운영위원회와 구별된다. 공공도서관이 마을과 만나는 방식은 이제 좀 더 창의적으로 고민되어야 한다. 도서관은 마을공동체를 위해 지금보다 훨씬 큰 역할을 할 수 있다.

# 도서관의 서가는
# 어떻게 채워져야 하는가

"도서관은 모든 사람에게 자유로운 접근이 가능하도록 한다.
모든 언어로 된 자료, 모든 나라의 모든 형태로 된 자료를 제공
한다. 그리고 숙련된 전문 사서로 하여금 이용자를 돕게 하며
문명의 기록물을 제대로 이용할 수 있도록 가르치게 한다. 이
런 도서관은 지역과 전국적 협력 체제의 한 부분이어야 한다.
그리고 실물 장서를 광범위하게 갖춘 장소와 원격 자원에 대한
편리하고 자유로운 접근이 보장될 수 있도록 재정적 지원을 할
수 있어야 한다."

미국 도서관학자 마이클 고먼의 말을 굳이 빌리지 않더라도
누구나 공감할 수 있는 도서관 장서 구성의 가장 기본적인 원
칙이다. 하지만 현장에서 이 원칙을 지키기 위해서는 관장의

고집스러운 소신이 필요하다.

　십여 년 전 개관 도서관의 관장으로 일한 적이 있다. 당시 지역 구립도서관 중에서는 가장 큰 규모여서 주민들의 기대가 큰 도서관이었다. 첫 출근을 해 도서관을 둘러보면서 참 아쉬웠다. 도서관 내부 구조와 장서 구성이 기대에 미치지 못해서였다. 그때부터 마음속에 작은 꿈 하나를 품게 되었다. 도서관 개관 준비 단계부터 참가하여 도서관 내부 공간과 서가 배치, 도서 선정까지 직접 해 보고 싶다는 것이었다. 다행히 최근에는 관장을 미리 채용하여 도서관 개관을 직접 준비하도록 하는 자치단체가 꽤 있는 것으로 알고 있다.


## 공공도서관 장서 구성 기준의 필요성

전국에서 공공도서관들이 해마다 수십 개 건립되고 있지만, 도서관 개관에 따르는 제반 과정들이 매뉴얼화되어 있지 않다. 건립될 도서관이 주로 봉사하게 될 지역의 특색과 주민 구성, 그에 따른 장서 구성의 원칙, 도서관의 주요 운영 방침과 직원들의 역할에 대한 좀 더 세밀하고 명확한 기준 같은 것이 있으면 좋겠다. 도서관을 준비하기 전에 자치단체에서 도서관 발전종합 계획을 수립하거나 문체부에서 신규 건립 예정 도서관에 컨설팅을 해 주는 경우도 있지만, 도서관을 건립하고 개관하는 일들이 아직도 개별 자치단체의 역량에 맡겨져 있는 경우가 많다.

도서관 개관을 준비할 때 상당한 예산을 책정하여 구입하는 도서들의 목록은 누가, 어떤 기준으로 만드는 것일까? 혹시 지금도 개관 도서관들에 도서 도매업자들의 재고 도서가 다수 포함된 권장 도서 목록이 영향을 미치고 있는 것은 아닌지 궁금하다.

도서관 개관 TF팀에서 일한 경험이 있는 사서에게 개관 준비 시 도서 구입 예산과 도서 선정 과정에 대해 물어보았다. 당시 개관 도서관 연면적이 1,500제곱미터였는데, 도서 구입비로 약 3억 원 정도의 예산을 사용했으며 두 명의 사서가 2개월 정도 준비했다고 한다. 기존 구립도서관의 장서와, 비슷한 시기 개관한 다른 도서관의 장서를 참고로 하여 수서를 하고 서점에 직접 나가 실물도 살펴보면서 선정 목록을 만들었다고 한다. 도서 도매업자들이 목록을 주려고 했으나 거절했으며, DVD 자료는 업자들이 건넨 목록을 참고로 했다. 시간이 부족하고 선정도 쉽지 않아서였지만, 그 결과 DVD의 경우 다수의 복본과 활용되지 않는 자료들이 많아 지금도 아쉽다고 한다.

모든 도서관이 동일한 장서를 갖출 필요는 없고, 그래서도 안 되지만 공공도서관 장서에 대한 좀더 구체적이고 세밀한 기준은 필요하지 않을까? 한국도서관협회에서 발간하는 『한국 도서관 기준』이 있긴 하지만 너무 간단하고 포괄적이다.

관련해서 국회도서관과 국립중앙도서관에서 연구 논문이나 책자를 찾아보니, 부산대 장덕현 교수의 논문 「공공도서관 개관장서 구축 방안 연구」 한 편이 검색될 뿐이다. 그마저 직접 해당 도서관에 가서 지정된 PC로만 읽을 수 있다고 한다. 이럴 수가 있는가. 개관 장서가 도서관의 기본 장서가 될 터인데 참고할 자료가 이토록 부족하다니.

도서관 장서는 어떻게 구성되어야 하는가. 분야별로 고전이라고 일컬어지는 책, 최근 10년 안에 화제가 되었던 책, 각 분야에서 꾸준히 팔리는 책, 최근 인기 있는 책 등을 어떤 기준으로 선별하고 있는가. 새롭고 다양한 책을 많이 갖추기 위해서는 어떤 책들이 많이 읽히고, 독자들이 무엇을 원하는지를 정확하게 파악하는 것이 필요하다. 그런 근거로 장서를 구입하고 이용자들에게 새로운 제안을 하는 것, 그것이 바로 사서가 해야 할 일이다.

## 최적의 장서를 갖추기 위해 도서관이 해야 할 일

나는 도서관의 자료 구입 과정에 수서 담당자만이 아니라 자료실 담당자들도 함께 참여하는 것을 원칙으로 삼아 왔다. 그 분야의 출판 흐름, 이용자들의 도서 대출 경향을 반영하여 장서를 구입하기 위해서였고, 사서들이 책을 잘 알아야 도서관을 이용하는 시민들에게 자신 있게 봉사할 수 있다고 믿기 때문이다. 또한 도서관과 관련 분야의 주요 도서를 읽게 하고 서평을 제출하도록 했다. 책도 읽고 글쓰기 훈련도 하기 위해서였다.

독립책방을 포함하여 서점에 직접 나가 본 뒤 보고서를 써서 직원 교육 시간에 다른 직원들 앞에서 발표하는 시간도 가졌다. 서점에서 신간 출판 경향을 살피고, 책 전시 방법도 배울 수 있도록 하기 위해서였다. 그렇게 보고 오면 사서들은 책을 전시하는 방법뿐 아니라 주제별 책 전시에도 관심을 갖고 자신 있게 일을 추진해 나가곤 했다.

그 외에도 사서들이 도서관 정책과 외부 환경의 변화를 알고 스스로 준비할 수 있도록 교육 기회를 제공하려고 노력했다. 사회의 흐름과 출판 동향을 놓치지 않아야 도서관을 이용하는 시민들에게 최적의 정보 서비스를 제공할 수 있다고 믿었다.

본관 도서관과 각 분관 사서에게 지역 분석을 과제로 내 주기도 했다. 봉사 대상 지역의 인구 구성, 도서관 이용 인구가 차지하는 비중, 지역에서 제공되어야 할 정보 서비스의 방향 등을 분석해 보도록 했다. 대부분의 도서관들이 도서 분류와 목록을 외부업체에 맡기는 추세였지만, 사서들이 분류 목록도 직접 하도록 했다. 책을 만져 보고 분류 목록을 하면서 책에 대한 애착도 생기고 책을 더 잘 알게 된다고 생각했기 때문이다. 별난 관장이라 했을지 모르지만, 사서들은 이런 과제들을 잘 해내었다. 당시는 힘들었을지라도 그때 경험이 그들에게 좋은 자산이 되었으리라고 믿고 있다.

만약 지금이라도 개관을 준비하는 도서관에서 일할 기회가 주어진다면, 기초부터 도서관을 차근차근 세워 보고 싶다. 사서들을 미리 뽑아 사전 교육을 철저하게 할 것이다. 책을 써서 살아가는 작가, 좋은 책을 만들고 파는 것을 소명으로 삼는 출판사와 서점에 대해서도 알려 줄 것이다. 도서관의 소중한 협력자로서 출판과 출판 산업에 대해 이해하고, 서점과 독자에 대해서도 이해하는 눈을 갖도록 지원할 것이다. 책을 좋아하고 즐겨 읽으며, 도서관을 이용하는 시민들에게 애착을 갖고 진심을 다해 도와주는 사서가 되도록 돕고 싶다.

그리고 분야별로 개관 장서를 구축할 것이다. 각 분야의 명

저들과 고전, 현재의 독자들이 즐겨 읽는 책까지 두루 망라하여 장서를 구축한 다음, 책 읽고 싶은 도서관을 만들어 나가겠다.

새롭고 다양한 책을 많이 갖추고, 도서관에 가면 읽고 싶은 책이 반드시 있다는 신뢰를 시민들에게 심어 주는 것은 도서관이 더 많은 사람들에게 도움이 되는 공공기관이 되기 위해서 꼭 필요하다. 지금 어떤 책들이 읽히고 독자가 무엇을 원하고 있는가를 사서들은 정확하게 파악하고 있어야 하고, 빨리 도서관에 갖출 수 있도록 최선의 노력을 다해야 한다.

요즘 도서관들은 인쇄된 책자 형태의 자료와 CD나 DVD 같은 비도서 자료 외에도 전자 자료를 정기적으로 구입하고 있다. CD 대출은 덜 알려져 있고 도서관에서 보유하고 있는 양도 아직 많지 않지만, DVD는 꽤 이용이 많은 편이다. 작품성이 뛰어나지만 주변에서 구하기 힘든 영화들을 DVD 형태로 갖추어 정기 상영회를 열고 시민들에게 빌려주는 것은 도서관이 마땅히 해야 할 역할이다.

전자 자료의 경우 장서 구입에서 차지하는 비율이나 구입 방식이 도서관마다 다르다. 코로나 사태를 맞아 전자 자료에 대한 관심이 높아졌고 이용률도 높아졌다. 한때는 전자 자료가 인쇄 도서 자료를 완벽하게 대체할 것이라는 전망도 있었지만,

아직은 어느 쪽 자료의 압도적 우위를 예상하기 어렵다. 인쇄 매체와 전자 매체가 가진 장단점이 분명히 존재하므로 앞으로도 병행해서 구입하고 제공해야 할 것이다.

도서관의 장서 구입이 신간 출간 속도를 따라가지 못하는 것은 행정 처리 속도와 관련이 있다. 시민들이 읽고 싶은 책을 빨리 읽을 수 있도록 하기 위해 희망도서, 희망도서바로대출, 북페이백 같은 비슷하지만 조금 다른 제도들도 생겼다. 이런 제도들이 확대되어 오랜 기간 실시될 경우 시민들의 새 책에 대한 목마름을 조금 더 빨리 가시게 해 줄 수 있을지는 몰라도, 장기적으로 도서관 장서를 부실하게 만들 가능성이 크다.

신간 구입에 따르는 행정절차를 간소하게 하여 신간을 빠르게 구입한다면, 희망도서바로대출이나 북페이백 같은 제도의 문제점을 발생시키지 않으면서도 도서관을 이용하는 시민들에게 원하는 책을 더 빨리 제공할 수 있을 것이다. 기왕에 실시해 온 희망도서제의 경우에도 개인당 신청 권수를 더 줄이고, 전체 도서 구입에서 비율을 줄이는 것이 필요하다. 한정된 자원으로 더 많은 시민들에게 필요한 책을 골고루 갖추기 위해서이다.

도서관의 장서 구성에는 분명한 원칙이 있어야 하고, 이 원칙은 어떤 경우에도 굳게 지켜져야 한다. 사회 각 분야에서 전문가 정신을 지니고 고집스러워 보일 정도로 원칙을 고수해 나가는 사람들이 있어야 우리 사회가 굳건히 유지될 것이라고 믿는다.

책이 없는 도서관을 버젓하게 말하는 사람도 있지만, 책 없는 도서관은 더 이상 도서관이 아니다. 그것은 곧 도서관의 소멸이다. 인류가 축적해 온 지적 자원을 현재 인류에게 전해 주는 것을 가장 중요한 소명으로 하는 것이 도서관이라는 사실은 앞으로도 변하지 않을 것이다.

# 희망도서바로대출제가
# 드러내는 문제들


**희망도서바로대출제로 동네 서점을 살릴 수 있을까**

몇 년 전 경기도의 한 지방자치단체가 희망도서바로대출제를 실시하여 행정 모범 사례로 소개되면서 경기도를 중심으로 전국에 확산되고 있다.

이 제도는 도서관에 소장되어 있지 않은 책이 '희망도서바로대출'로 신청할 수 있는 책일 경우, 지역 주민이 가까운 지정 서점에서 그 책을 빌려 읽고 서점에 반납하도록 하는 제도이다. 지정 서점은 반납된 책을 도서관으로 납품하고, 비용은 도서관의 도서 구입 예산에서 지불된다.

이 제도를 시행하는 서울시 모 자치구는 전체 도서 구입비

중 절반이던 희망도서바로대출 구입비를 2020년에는 더 늘리라고 지시했다 한다. 비슷한 제도로, 서울시 또 다른 자치구는 상당한 예산을 들여 주민이 서점에서 책을 사서 읽고 도서관에 반납하면 책값을 돌려주는 제도를 실시하고 있다. 이 자치구 도서관은 구에서 지원하는 도서 구입비 전액을 '희망도서구입비'로 사용해야 한다.

은평구에서도 몇 년 전 이 제도에 관심을 갖고 구립도서관 관장들을 모아 간담회를 연 적이 있다. 그때 나는 몇 가지 이유로 이 제도에 반대했다.

첫째, 연간 10억 원 이상을 투입하는 경기도 해당 지자체와 달리 은평구의 개별 도서관 연간 도서 구입비는 몇천만 원에 불과한 실정에서 제도를 도입하게 되면, 오히려 이용자의 불만만 사게 될 것이다. 이용하고 싶은 사람은 많은데, 예산이 조기에 소진되면 아쉬운 사람들이 그만큼 많아질 것이니까. 둘째, 은평구립도서관들은 이미 동네 서점들이 조합원으로 가입해 있는 동네서점협동조합에서 전액 도서를 구입하고 있는데, 굳이 이런 제도까지 도입하지 않아도 되지 않을까? 셋째, 이렇게 들어온 책들로 서가가 채워지면, 장서의 질 하락과 특정 주제로의 편향이 심해질 수 있다. 넷째, 동참하는 지역 서점들에 별도의 시스템을 설치해 주어야 하고, 참여 서점이 많을수록 비용이 만만치 않게 든다. 다섯째, 관련 예산이 크지 않을 경우 정책 효과가 나지 않을 것이다. 다행히 은평구는 이런 문제제기를 받아들여 실시하지 않기로 했다.

도서관에서 가장 중요한 세 요소를 책, 사람, 건물이라고 한다. 책은 도서관을 도서관답게 하는 가장 중요한 요소이다. 그래서 도서관에서는 장서 개발 정책을 통해 체계적으로 도서를 구입하여 잘 관리하고, 시민들에게 편리하게 제공하는 것을 중요한 사명으로 여기고 있다. 사서들은 최선의 장서 개발을 위해 공부하고 자료도 찾으며 부단히 노력한다.

도서관 장서는 한 사회 지식 문화의 척도이며, 공공 예산으로 구입하여 한번 서가에 비치되면 누구나 볼 수 있는 공공의 자산이 된다. 정보에 빠르고 시간 여유가 있는 일부 시민들이 희망도서바로대출로 선택한 책들이 공공도서관 장서의 대부분을 차지하면 장서의 질을 담보하기 어려워질 것이 뻔하다.

우리나라 사람들의 독서 경향은 다품종 소량이기보다 소품종 다량에 가까워서, 광고나 언론에 노출된 특정한 책들을 단기간에 집중적으로 찾는 경향이 있다. 도서관에서 많이 대출되는 책들을 보면, 웹툰 만화, 가벼운 에세이류, 로맨스 소설, 일본 작가의 추리소설 등이 늘 상위권을 차지하고 있고, 인문서들이 간간이 끼어 있는 형국이다.

게다가 동네 서점들은 이미 거의 문을 닫았고, 그나마 규모가 큰 몇몇 서점만이 남아 있는 실정이다. 이 제도가 참고서 판매로 명맥을 유지하고 있는 동네 영세 서점들을 활성화하는 데 얼마나 기여할 수 있을까? 평생 해 오던 서점업을 이어가는 연세가 많은 분들이 이런 제도로 어느 정도 영업 이익을 볼 수 있을까? 동네에 새로 문을 연 서점이 있다 해도 이 제도에 편입하기 어려울 수 있다. 은평구의 경우 도서관 납품에 참여하는 서점은 지역 서점협동조합에 가입한 오래된 서점들이고, 새로 생긴 서점이 조합에 가입하기에는 조합비 부담 등 진입 장벽이 있다는 말을 들었다. 결국 몇 개의 서점이 이 제도로 활성화될 수 있을지 곰곰이 따져 볼 필요가 있다.

어려운 여건에도 소신을 갖고 좋은 책을 펴내는 출판사들은 어떤 영향을 받을까? 상업 소설이나 유행에 편승한 자기계발서, 처세술 책보다 시대 현실과 공동체의 과제를 다루는 묵직한 책들이 더 많이 팔릴 수 있을까? 독서율의 가파른 하락 속에 점점 심해지는 인문 도서의 만성 불황이 더 심해지지 않을까?

시민들의 일상 속에 도서관 문화가 제대로 자리 잡지도 못한 상황에서 희망도서바로대출제는 자칫 도서관을 위축시키지 않을까? 시민들이 서점에서 읽고 싶은 책을 빌려서 읽고 반납할 수 있다면 굳이 도서관에 오려고 할까? 서점의 어려움은 독자가 줄어드는 것과 함께, 인터넷 서점 이용이 확산된 시대적 흐름 때문이다. 이런 때일수록 지자체는 공공도서관을 중심으로 지역 독서 문화를 활성화하고 책 읽는 시민을 늘리기 위한 장기 계획을 세워 끈질기게 추진해 나가야 하지 않을까?

도서관에서도 더 빠르게 신간을 독자에게 제공하기 위해 도서 구입과 정리에 따른 절차를 간편하게 하려 애쓰고 있다. 원하는 책을 빌리기 위해 도서관에 왔다가 또 다른 책을 만날 수도 있고, 마음이 끌리는 강좌나 프로그램이 눈에 들어오면 참여할 수도 있다. 동아리나 인문학 강좌, 커뮤니티 센터 등 도서관의 확장된 기능과 만날 기회를 가질 수 있는 것이다.


## 도서관은 '좋은 책'의 안정적인 소비자가 되어야

희망도서바로대출제가 생기기 이전에 '희망도서제'가 먼저 생겼다. 희망도서제는 자신이 읽고 싶은 책을 도서관에 바로 신청하는 제도이다. 희망도서바로대출제와 차이는 책을 빌리고 반납하는 곳이 도서관이라는 점이다. 현재 공공도서관 대부분이 실시하고 있고, 도서관의 연간 도서구입비 중 상당한 비중을 차지하고 있다.

신청자는 따끈따끈한 새 책을 먼저 빌려 읽을 수 있고, 도서관에서는 미처 챙기지 못한 신간 도서를 빠르게 구입할 수 있어서 분명 긍정적인 측면이 있다. 문제는 희망도서로 신청되는 책의 상당수가 재테크, 처세 등 일시적인 유행으로 끝나는 책이 많다는 점이다. 희망도서로 구입된 책들이 장서로 차곡차곡 쌓인 결과, 도서관 서가는 비슷비슷한 주제의 책들로 넘치게 되고, 주제의 다양성이나 내용의 깊이를 기대하기 어려워진다. 게다가 일부 이용자들은 특정한 정치·종교·상업적 목적으로 여러 도서관에 같은 책을 신청하기도 한다. 그 결과 왜곡된 역사관과 편향된 정치 주장을 담은 책이나, 유사 사이비 종교를 일방적으로 소개하는 책들이 공공도서관 서가에 버젓이 자리 잡는 일을 막기 어려워진다.

시민의 세금으로 만든 도서관에 시민이 희망하는 도서를 구입하는 것이 왜 나쁘냐고 물을 수도 있겠지만, 한정된 도서 구입 예산으로 최대의 효과를 거두기 위해 애쓰는 사서 입장에서는 곤혹스러울 때가 적지 않다. 수서 담당자는 자신이 신청한 책을 왜 구입하지 않았느냐고 따지는 민원이 두려워, 희망도서 선별 과정을 어려워한다. 자신이 쓴 책이나 자신이 일하는 출판사의 책을 여러 도서관에 계속 신청해도 현실적으로 막을 방법은 없다.

도서관의 근간을 흔드는 이런 흐름을 어떻게 보아야 할까? 예전처럼 책이 귀한 시절도 아니니, 공공도서관은 시민들이 원하는 책을 자유롭게 구입해 주고 일정한 시간이 지나면 폐기해 버리면 되는 시대가 온 것일까? 막대한 공공 자원을 들여 지자체가 설립하고 운영하는 공공도서관의 장서를 이렇게 소홀히 취급해도 되는 것일까? 사서들이 구축해 온 도서관 장서가 그렇게 가치 없는 것이었던가?

만약 공공도서관 장서의 질이 미흡하다면, 사서들을 교육하여 더 좋은 장서를 체계적으로 구축할 수 있도록 지원해야 한다. 그래야 도서관 장서가 더 의미 있게 된다. 희망도서제나 희망도서바로대출제를 이용하는 것은 결국 소수의 관심 있는 시민들일 것이다. 그들에게는 무척 좋은 제도일 수 있지만, 균형 잡힌 장서 구성을 위해 노력하는 사서들의 입장에서 이런 제도가 확산되는 것은 사서의 사명을 내려놓으라는 것과 같다. 혹자는 사서들이 좋은 책을 구입할 능력을 갖추고 있느냐고 불신 섞인 질문을 던질 수도 있다. 사서들이 부족하다면 능력을 기를 수 있도록 교육하면 된다. 그것이 공적 자원으로 설립된 도서관이 제 역할을 하도록 하는 일이다.

제대로 도서관을 이용해 본 경험이 없어서 도서관을 잘 모르는 정치인들의 선심성 행정이나 공무원들의 실적 쌓기 대상에 공공도서관 장서가 포함되지 않았으면 좋겠다. 좋은 책을 선별하여 구입하고, 독자들에게 잘 닿을 수 있도록 정리하는 일은 사서의 가장 중요한 사명이다.

책을 늘리는 것은 '좋은 책'을 늘리는 것이어야 한다. 그러기 위해서는 도서 선정 기능이 바르게 작용해야 한다. 도서관 활동에 보다 전문적인 감별 능력이 작용해야 한다는 말이다. 도서에 관련된 전문적 식별 능력의 공급을 제도화하는 것이 필요하다. 책을 산다면 책을 사는 연구를 하는 데에 돈을 들여야 한다. 책은 도서관 사서들의 손으로 모아져야 한다. 사서들의 손으로, 사서들이 주체가 되어 현재와 미래의 이용자를 위한 장서 수집을 해야 한다. 이것이 불가능하다면 기존의 도서관 조직이 무슨 의미가 있는가?

희망도서바로대출제 같은 정책은 어렵사리 싹트고 있는 도서관 문화를 왜곡시킬 수 있다. 도서관이 '돈이 되지 않는' 좋은 책의 안정적인 소비자로서의 역할을 충실히 해 내는 것은, 어려운 여건에서도 출판의 소명을 놓지 않으려 애쓰는 뜻있는 출판사들의 손을 맞잡는 일일 것이다. 일부 시민들의 편의와 도서관 장서를 맞바꾸는 모험을 하기보다는, 책 읽는 문화 확산과 좋은 책 읽기를 통해 우리 사회의 지식 문화를 수호하려는 정치가들의 소신과 양식이 필요하다.

# 도서관 위탁 문제,
# 공공성을 위한 더 나은 길은 없을까

## 위탁 기관에 따른 도서관 운영의 차이

"공무원이세요?"

도서관에서 자주 받는 질문이다. 아쉽게도 서울시 구립도서관 직원 대부분은 공무원이 아니다. 구청에서 위탁받은 기관 소속 직원이며, 직급이나 고용 체계, 임금이나 처우는 구청과 위탁 기관에 따라 다르다.

1999년 서울시에서 가장 먼저 생긴 구립도서관인 금천구립도서관을 2004년 금천문화원에서 위탁받아 운영하기 시작한 이후, 서울시 구립도서관들은 하나둘 위탁 과정을 밟아 나갔다. 초기에는 시설관리공단 위탁이 대세였으나, 지금은 문화재단으로 옮겨 가고 있는 추세이다. 제3의 기관인 종교·학교 법인이나 민간 단체들도 상당수 도서관을 위탁받아 운영하고 있다.

2020년 기준 서울시교육청 도서관은 22개, 지자체 소속 도서관은 161개이다. 이 중 지자체 소속 도서관은 마포중앙도서관, 마포구립하늘도서관을 제외한 159개 정도가 위탁 운영 중이다. 그럼 다른 시·도는 어떨까? 대구시에 유독 위탁 운영되는 도서관이 많으며, 나머지 시·도는 대부분 지자체가 직접 운영한다.

위탁 기관에 따라 도서관 운영에는 어떤 차이가 있을까?

시설관리공단은 주차장이나 문화센터, 수영장 등 시설 관리가 주업무인 기관이다 보니, 도서관 역시 여러 시설 중 하나로 간주하는 경향이 있다. 지식정보기관으로서 갖는 도서관의 고유한 사명과 특성을 살리기보다는 운영의 효율성과 수익 창출을 더 중요하게 본다. 시설관리공단에서 운영하는 도서관들이 백화점 문화센터처럼 유료 강좌들을 다수 운영하고, 심지어 일부 구의 경우 구립도서관 열람실을 독서실처럼 유료로 운영하는 이유이다. 시설관리공단은 단체장이나 지역 국회의원의 선거를 도와준 인사들이 이사장 등 임원급에 낙하산 투하되는 대표적인 기관으로, 독자성과 전문성을 갖고 도서관을 운영해야 한다는 목소리가 힘을 갖기는 쉽지 않을 것이다.

최근 서울시의 여러 구에서 새롭게 도서관 위탁 주체로 떠오르고 있는 문화재단은 어떨까? 구 산하 문화재단은 조금씩 성격이 다르지만, 구 단위 문화 정책을 세우고 축제를 주관하며 구립 문화회관이나 아트센터를 운영하는 것이 기본 업무이다. 문화재단 대표로 부임하는 이들은 어떤 사람들일까? 기업체와 문화계 출신 인사부터 현장에서 직접 뛰어 온 문화운동가까지 다양하다. 이들은 대체로 임기제로 부임하여 2~3년 대표로 재직하며 문화재단의 업무를 총괄한다.

문화재단 조직 체계는 대개 경영지원팀, 문화정책팀, 축제공연팀, 도서관팀 정도로 되어 있다. 각 부서의 책임자들이 전문성을 갖고 소신껏 업무를 할 수 있도록 권한을 주고 지지하는 분위기라면 문제가 없는 체계라고 볼 수도 있다.

도서관 주무부서가 교육부에서 문화부로 옮겨 온 것에서도 드러나듯, 도서관이 갖고 있는 교육과 문화 기능 중 어느 쪽을 비중 있게 볼 것인가는 오랜 논쟁거리였다. 시민교육과 평생학습 시대의 가장 중요한 근거지가 될 수 있는 도서관을 지금처럼 문화부 소속으로 두는 것이 온당한지 의문을 제기하는 이들도 여전히 있다.

도서관을 교육기관과 문화기관 어느 쪽으로 볼 것인지에 대한 이견이 존재하는 가운데, 기초자치단체 문화재단 대표이사로 부임하는 인사들의 문화 경영에 대한 전문성은 차치하고라도, 그들이 도서관에 대해 갖고 있는 생각에 따라 도서관 운영에 어려움을 가중시키는 경우가 적지 않다. 본인들 역시 임기제이고, 성과를 올려 단체장에게 인정받아야 하는 처지이다 보니, 조직이 비교적 크고 직원 수도 많은 도서관에 대해 인원 감축과 문화재단 행사 동원, 성과 수행에 압박을 가하게 된다. 그 결과 문화재단으로 운영 주체가 바뀐 이후 속앓이를 하는 도서관들이 꽤 있다고 한다.

시설관리공단이나 문화재단 같은 공공위탁이 아닌 민간 법인이나 단체가 도서관을 위탁받아 운영하는 경우는 더 심각하다. 종교재단의 경우, 도서관 직원들이 종교 행사에 동원되거나 암암리에 기부금 요구를 받기도 한다. 법인 이사장이 도서관 직원들을 모아 놓고 성과를 올리라고 압박을 가하거나, 주일에 법인 이사장의 종교 시설에서 관장들이 밥을 하는 도서관도 있다. 법인 이사장이 운영하는 농장에 수확을 도우러 가거나 생일잔치를 열어 주는 것이 관례화된 경우도 있다고 한다.

구산동도서관마을의 경우 주민들이 만든 협동조합이 도서관을 위탁받아 운영하고 있다. 협동조합의 조합원은 도서관 직원이 다수이고, 지역에서 생활협동조합을 비롯한 주민 활동에 열성인 이들이 이사로 참가하고 있다. 2018년 문재인 대통령이 방문하여 생활 SOC의 모범 사례로 꼽은 이후, 정부기관과 전국 지자체에서 방문하여 벤치마킹하는 사례가 되었다. 구산동도서관마을을 방문한 정부기관에서는 전국에 세워질 생활 SOC 시설들을 협동조합이 운영하면 어떨지 의견을 물어오기도 했다.

하지만, 도서관을 협동조합이 운영하는 것이 바람직한 것일까? 협동조합은 수익을 거두어야 하는데 도서관이 어떻게 수익을 낸단 말인가? 위탁수수료도 없는 상황에서 조합원들의 십시일반 조합비로 근근히 운영되는 것이 협동조합의 실상이다. 동네에 좋은 도서관을 만들었고 위탁 운영에 참여하고 있다는 마을 주민들의 자부심과 선의는 언제까지 계속될 수 있을까? 공공기관을 운영하는 협동조합을 위한 제도적 뒷받침이 없는 속에서 협동조합이 도서관에 대한 사명감만으로 아무 대가 없이 무한정 순수하게 봉사하기란 쉽지 않은 일이다.

## 공공성 확보를 위한 최선의 운영 방식은

많은 예산을 들여 운영하는 공공도서관이 더 효율적이고 체계적인 시스템으로 운영되지 못하고, 불필요한 갈등과 비민주적인 조직 운영에 따른 낭비를 감수해야 할 이유는 없다. 서울시 도서관 직원 수는 정규직과 비정규직을 합하여 1,640명. 이 정도 인원이라면 별도의 도서관재단이나 도서관사업소를 만들어 운영하는 것은 어떨까?

2009년 서울시에서 서울도서관 개관을 준비하며 도서관재단을 추진한 적이 있다. 당시 서울시교육청 산하 시립도서관 사서들을 중심으로 도서관계의 반대가 심했다. 그들은 재단이 만들어지면 서울시 도서관을 모두 위탁할 것이고, 직원들의 신분이 불안정해지는 것은 물론, 도서관의 공공성이 크게 훼손될 것이라며 극렬하게 반대했다. 결국 도서관재단 시도는 불발로 끝났고, 서울시가 직접 서울대표도서관을 운영하는 것으로 마무리되었다.

서울도서관 외에 당시 65개관이었던 구립도서관은 현재 두 배 이상 크게 늘었지만, 대부분이 민간 위탁으로 운영되고 있다. 위탁 기관도 제각각이고, 직원들의 처우나 도서관 운영 방식도 저마다 다르다. 상황이 이렇다 보니, 이럴 바에는 차라리 서울도서관재단 같은 단일한 기관이 도서관들을 일괄 운영하는 것이 더 낫지 않겠냐는 목소리가 조심스럽게 나오고 있다. 신분 변경을 그토록 우려하는 교육청 소속 도서관은 제외하고 말이다.

당시 서울도서관재단을 앞장서서 반대했던 전국의 도서관학과 교수들은 위탁 운영에 대해 원론적인 반대 입장만 내세우지 말고, 이제 좀더 현실적으로 실현 가능한 대안을 제시해야 하지 않을까? 자신의 제자들 대부분이 위탁 도서관에서 일하고 있는데, 위탁을 반대한다는 원론적 입장만 되풀이하는 그들이 무책임해 보이기도 한다.

지자체 소속 도서관 운영의 어려움이나 직원들의 처우에 대한 고민은 부족한 채로 도서관은 계속 건립되고 있고, 지어진 도서관은 어디엔가 운영이 맡겨진다. 사서들은 전문직이라기보다는 단순 노동을 제공하는 근로자로 여겨지고 있고, 이런 인식은 사서들 스스로의 치열한 노력과 운동이 없다면 개선되기 어려울 수도 있다.

위탁 도서관 직원들은 단순 직급 체계로 오랫동안 일해도 승진이 어렵고, 장기 근무에 따른 보상이 약해 직업을 계속 유지하려는 동기와 자부심이 떨어진다. 위탁 도서관 직원 3분의 1이 비정규직으로 최저임금 수준의 임금과 고용 불안에 시달리며 잦은 이직을 할 수밖에 없는 것도 조직의 안정성을 떨어뜨리는 주요 원인이다.

서울시가 2019년부터 '공공도서관 운영 및 고용 실태 조사'를 실시하고, 그 결과를 토대로 조례 제정, 사서 고용과 운영 개선안이 포함된 공공도서관 운영 가이드라인 개발 등 다양한 제도 개선 방안 마련에 나서기로 한 것은 무척 반가운 일이었다. 하지만, 박원순 서울시장의 갑작스런 유고로 후속 조치를 기약할 수 없는 채로 연구가 마무리되고 말았다. 이 과제를 정부에서 받아 안고 전국 위탁 공공도서관 운영 실태와 고용 조건 등을 파악하여 제대로 된 공공도서관 운영 가이드라인을 개발하는 등 실질적 조치를 조속히 취해 주기를 기대한다.

또한 공공·민간기관을 통한 위탁이 지자체 설립 공공도서관 운영의 유일한 대안인지, 취약한 구조를 근본적으로 해결하기 위한 방안은 없는지에 대한 고민도 함께 이루어지면 좋겠다. 공공도서관은 모두 정부가 책임지고 운영하는 도서관 선진국들을 참고하여, 한 나라의 지식 문화를 수호하기 위한 정부의 비상한 각오와 결단을 기대해 본다.

더불어, 기존의 직영 도서관이 위탁 도서관에 비해 활기가 덜하고 정체된 것처럼 보이는 이유가 무엇인지 살펴볼 필요가 있다. 순환 보직으로 잠시 머물다 가는 행정직 관장이 아닌 전문직 관장을 임용하고, 법에 정해진 수만큼 사서들을 임용한다면 직영 도서관 역시 활기 있는 도서관으로 거듭날 것이다.

하승우는 '공공성'은 어떤 사람이나 조직이 전담할 수 있는 것이 아니며, 다양한 이해 관계자들의 지속적인 논의 과정에서 확보되어야 한다고 했다. 서구 사회에서 공공성에 대한 비판은 공공성을 포기하자는 것이 아니라 공공성을 민주적으로 재구성해야 한다는 요구라고도 했다. 안토니오 네그리와 마이클 하트는, 눈에 보이는 상품을 만들어 내지 않지만 잉여가치를 생산하는 노동, 즉 교육과 서비스 등의 정보를 다루는 비물질 노동이 공론장을 출현시킬 가능성이 높다고 했다.

도서관이 시민 누구에게나 활짝 열려 있는 공공장소로, 시대의 주요 담론들을 논의하고 소통하는 민주주의의 핵심 기관이자 공론장이 되도록 하는 것은 결국 우리들의 관심과 노력에 달려 있는 셈이다.

# 시민교육과 사회적 독서가
# 이루어지는 도서관

미국의 공학자이자 철학자이며 사서인 에드 디 앤절로는 민주주의의 성장과 시민들의 계몽이 공공도서관의 목표라면, 얼마나 많은 자료가 대출되었는가 하는 것만으로 성공을 측정하는 것이 아니라, 공공도서관의 사서들이 봉사한 독자들 가운데 얼마나 많은 이들이 좋은 시민이 되었는가를 가지고 성공을 평가해야 할 것이라고 말했다. 시민이라면 누구나 차별 없이 지식과 정보에 접근해야 한다는 근대 공공도서관의 이념은 시민 누구나 깨어나 주체가 되도록 지원하는 민주주의 원리를 가장 잘 구현하고 있다.

도서관의 사명과 역할은 시대에 따라 늘 새롭게 정의되어야 하며, 전국 곳곳에 촘촘한 인프라를 갖춘 공공도서관은 시민교육을 활성화하고 사회적 독서를 촉발하고 확산하는 장이 될 수 있다. 도서관을 이용하는 시민들이 사회적인 책임 의식을 갖춘 성숙한 민주 시민이 될 수 있도록 세심한 정책을 수립하고 프로그램을 운영하는 것은 도서관의 본질적 기능의 일부이다.

## 시민교육에서 도서관의 역할

중·고등학교를 중도에 그만두고 독학으로 공부하여 대학에 진학하고, 자신의 분야에서 일가를 이룬 몇 분을 알고 있다. 그들은 매일 도서관에서 살다시피 하며 책을 읽었다고 고백한다. 도서관이 없었다면 지금의 그들은 없었을지도 모른다. 독학자에 대한 지원, 성인교육과 도서관의 밀접한 관계는 미국 등 도서관이 조금 앞서 발전한 나라에서는 이미 널리 알려진 도서관의 중요한 역할이다.

내가 만난 어떤 유명 만화가는 어린 시절 도서관에서 책 냄새를 맡고 분위기를 호흡했던 일을 지금도 또렷이 기억하고 있었다. 도서관 서가를 가득 메운 책들과 그것이 간직하고 있는 독특한 분위기는 도서관을 찾아온 어린이나 청소년에게도 강한 인상을 남긴다. 홈스쿨링을 하는 아이와 부모에게는 도서관이 가장 만만하고 편안한 공간이다. 학교 부적응으로 학교를 그만둔 학생들을 포함하여, 만만치 않은 수에 달하고 있는 학교 밖 청소년들을 위해서도 도서관은 지금보다 더 많은 일을 해야 한다고 생각한다.

이제 공공도서관은 개인 공부를 위한 열람실 기능을 탈피하고, 민주 시민을 양성하는 교육기관으로서의 역할을 강화해야 한다. 개인 공부를 할 장소가 필요한 이들을 위해서는 서울시 일부 자치구에서 설치하여 운영하고 있는 공공독서실이 새로운 대안이 될 수 있을 것이다. 이미 도서관은 시대가 요구하는 역할을 수행하기 위해 노력하고 있고, 도서관의 진화하는 모습을 시민들도 반갑게 받아들이고 있다.

2006년부터 정부는 전국 지방정부를 대상으로 '평생학습도시' 공모를 통해 선정된 지역에 보조금을 지급하고 관련 사업을 펼치도록 해 왔다. 이런 과정을 통해 평생학습에 대한 공감대가 커지고 지방정부에서 관련 조례 제정과 정책 수립, 평생학습 공간 확보가 이루어졌다.

2021년까지 정부에서 지정한 평생학습도시의 수는 183개에 이른다. 지역에서 평생학습 공간 확대는 작은도서관과 지역 주민 공간 등을 중심으로 이루어진다. 구청 평생교육협의회 위원으로 회의에 참석할 때마다 공공도서관도 평생학습 공간이며, 평생학습의 중요한 동반자라고 강조했다. 평생학습도시에서 강조하는 평생학습 공간에 공공도서관이 포함되지 않고 별도로 정책이 수립되고 실시되는 것이 비효율적이라고 생각했다. 아마 교육부와 문화부로 주무부서가 달라서일 것이다. 이런 식의 정책이 얼마나 많은지 모른다. 공공도서관은 중요한 평생학습 공간이다. 평생학습도시의 핵심기관이라 할 수 있는 것이다.

서울시교육청에서 운영하는 서울자유시민대학이 있다. 서울자유시민대학에서는 수준 높은 시민교육 프로그램을 서울시에 설치된 여러 학습장에서 실시하고 있는데, 이 중 네트워크시민대학에서 공모한 사업에 수년째 참가했던 경험이 있다. 시민교육과 관련한 강좌를 기획하고, 공모 사업에 선정되면 사업비를 지원받는 형식으로, 공공도서관을 포함한 여러 단체에서 사업에 참가하고 있다. 출판문화산업진흥원에서 실시하는 인문독서아카데미, 문화체육관광부에서 실시하는 '길 위의 인문학' 사업도 시민교육과 관련한 주제를 채택하고, 일방적 강연만이 아니라 참가자들과 토론하는 참여형 강의와 후속 모임을 이어가도록 권유하고 있다. 공공도서관은 공모 사업을 통하여 시민교육이라는 주제와 만나고 있는 것이다.

교육부가 평생교육과 시민교육을 주로 담당하고 있으며, 문화부는 국민들의 여가 생활, 문화 향수를 담당하고 있으나, 도서관은 문화 쪽만이 아니라 교육 쪽의 사명을 더 중요하게 갖고 있다고 생각한다. 너무나도 빠른 사회 변화와 도서관에 요구되는 새로운 역할들 때문에 도서관장들은 물론이고 학계 교수들조차 혼란스러워 하는 모습을 보았다. 지금까지 우리 도서관들이 너무 오랫동안 전통적인 도서관 역할에 안주하면서 시대 흐름에 둔감했던 탓도 있을 것이다.

도서관 사서들이 감당하고 있는 여러 업무들 중 대출, 반납 같은 단순 반복 업무들은 이미 상당 부분 기계로 대치되고 있고, 앞으로 더 그렇게 될 것이다. 결국 도서관 사서가 해야 할 일이 무엇인지 분석하고, 그 일들을 잘할 수 있는 인력을 양성하여 도서관에서 일할 수 있도록 하는 것이 대학에서 담당해야 할 몫일 터이다. 도서관학계는 사서 직무 분석, 사서 교육과정 개편을 신속히 추진하여 현장의 목소리를 반영한 전문직 사서를 양성하도록 노력해야 할 것이다.


**사회적 독서를 촉발하고 확산하는 도서관**

도서관 사서에게는 독서회 조직과 운영도 중요한 업무이다.

도서관마다 어린이와 청소년, 성인 대상의 독서회가 꾸려져 있다. 문체부에서 해마다 실시하는 도서관 운영 평가에서는 동아리 여부도 중요 평가 항목이므로, 도서관에서는 '1 사서 1 동아리' 원칙을 세우고 사서들이 직접 동아리를 조직하고 운영하도록 권장한다. 어린이와 청소년은 자율적인 동아리 운영이 쉽지 않아 사서가 직접 지원하거나 독서전문가의 도움을 받아 운영하고, 성인의 경우에는 자발적으로 운영하되 사서들이 필요한 부분을 지원한다.

사서들이 조직하여 초기 운영을 지원하되 이후에는 독서회가 자발적으로 운영되도록 해야겠지만, 리더가 없으면 독서 모임이 지속되지 못하는 경우가 많다. 지역에서 동아리를 운영할 수 있는 자원봉사자들이 참가해 주지 않는 한, 결국 사서들이 리더 역할을 해야 하는 경우가 많다. 시민교육을 기획하고 독서 모임을 조직하고 운영하는 일들이 사서들의 주요 업무가 된 것이다.

그뿐인가, 지역협력사업이라는 이름으로 지역 주민들을 만나 능숙하게 협력을 조직하는 일도 사서의 업무이다. 도서관의 주민협력사업, 마을연계사업은 최근 들어 도서관에서 중요하게 고려하는 사업이지만, 사실은 지역 공공도서관이라면 마땅히 해야 하는 중요한 일이다.

도서관에서는 주민들이 자발적으로 참여하여 운영하는 독서회가 사회적 독서로 나아가도록 이끌어주는 것이 필요하다. 사회적 독서는 사람들이 모여 함께 책을 읽는 것을 의미하기도 하고, 사회적 쟁점을 담은 책을 읽고 인식의 지평을 확대하며 변화를 위한 실천으로 나아가는 것을 의미하기도 한다. 개인적 만족과 휴식을 위해 책을 읽는 개인적 독서에서 나아가, 함께 읽기, 깨어나 실천하기의 함의를 담고 있는 것이 사회적 독서인 것이다.

도서관에서 '사회적 책 읽기'라는 이름으로 2년여 동안 프로그램을 진행한 적이 있다. 사회적 쟁점을 담은 책을 선정하여 미리 공지하고, 당일 두세 명의 고정 패널과 한 명의 게스트가 참가한 가운데 토론을 진행하는 형식이었다. 고정 패널과 주제에 대해 전문성을 지닌 게스트가 발제를 하고, 참가자들이 토론을 하는 형식으로 진행된 책 읽기 프로그램은 상당히 흥미로운 시도였다. 『골목 사장 분투기』(강도현 지음, 북인더갭 펴냄)를 읽고 개인 카페 운영자를 초대하여 자영업자의 어려움에 대한 생생한 이야기를 듣기도 했고, 일본 후쿠시마 원자력발전소 사고에 대한 책을 읽고 핵 전문가를 초청하여 토론을 진행하기도 했다.

2년 이상 진행한 프로그램에서 많은 책을 읽었고 관련 전문가들을 만났다. 이런 프로그램을 진행하기 위해서는 참가자 수에 연연하지 않고 의미 있는 프로그램을 진행하려는 도서관 측의 의지가 중요하다. 예산도 수반되어야 하고 참가자도 확보해야 하기 때문에 도서관에서 실시하는 것이 쉽지 않을 수 있기 때문이다.

도서관에서 '길 위의 인문학' 프로그램으로 통일에 대한 강의와 답사를 진행한 것도 중요한 경험이었다. 통일이 정치권의 주요 이슈로 부상하여 날마다 언론에 보도되는데도 정작 시민들이 북한과 통일에 대해 듣고 생각할 기회가 부족하다고 여겨져, 통일에 대해 다양한 각도에서 접근할 수 있도록 강좌를 기획하였다. 북한의 언어, 예술, 생활 문화, 건축, 북중 국경, 독일 통일 사례, 평화에 대한 모색 등 상당히 딱딱한 주제였음에도 불구하고, 매 강좌마다 예상한 인원을 훌쩍 넘기면서 뜨거운 호응 속에 강좌가 진행되었다. 도서관이 좋은 점 중 하나는 저자 초청 강좌를 하면서 강사의 저작이나 관련 주제의 도서를 전시하여 관심 있는 참가자들이 책을 살펴보거나 빌려 가도록 할 수 있다는 점이다. 결과는 상당히 성공적이었다. 이 경험을 통해, 폭발적으로 터져 나오는 사회 이슈들을 제때 끄집어내어 시민들과 함께 생각하고 토론할 기회를 자주 가진다면 우리 사회의 첨예한 의견 대립과 사회 갈등이 조금은 완화될 수 있지 않을까 하는 생각을 했다.

시민교육과 사회적 독서에 대해 도서관이 더 적극적으로 고민하고 실천할 수 있으면 좋겠다. 도서관 측 의지만이 아니라 정부도 도서관에 대한 제반 정책을 장기적인 안목에서 꾸준하게 펼칠 필요가 있다. 메이커 스페이스, 특성화 도서관을 비롯해 너무 많은 새로운 것들을 도서관에 요구하다 보면 정작 중요한 것을 놓치고 우왕좌왕할 수도 있다. 최근 전국에 공공도서관이 활발하게 건립되고 있다. 앞으로 몇 년 동안 도서관 건립은 계속될 전망이다. 이 중요한 시기에 도서관의 사명과 역할을 재정립하고, 우리 사회에 도서관이 굳건히 뿌리내릴 수 있도록 정책 당국자는 물론이고 도서관 내부에서도 각고의 노력을 기울여야 할 것이다.

# 도서관의 혁신은 어떻게 가능한가

## 외부자의 시선으로 본 서울의 공공도서관

프랑스의 지리학자 발레리 줄레조는 한국의 아파트 문화가 참 독특하다고 생각했다. 유럽의 아파트들과 다른 한국의 대단지 아파트는 어떻게 형성되었고, 한국과 프랑스의 아파트 문화는 어떻게 다른지 궁금했다. 그는 오랜 기간 서울에 머물며 연구를 진행했고, 도시 유형과 사회적 견고성의 상관관계를 주제로 박사 논문을 썼다. 그의 연구는 『아파트 공화국』(후마니타스, 2007)이라는 책으로 출간되었다. 제3자의 눈으로 본 한국의 아파트 문화는 정작 한국의 아파트를 가까이서 접하거나 그 속에서 살아온 사람들도 미처 느끼지 못했던 예리한 통찰을 담고 있다. 낯설게 보기, 외부자의 시선으로 사물 보기는 그 속에 있는 사람들이 자칫 간과하고 지냈던 문제들을 선명하게 보여준다.

지방 도시의 민간 도서관에서 주로 일하다가 서울의 구립도서관 관장으로 오면서 나는 외부자이자 낯선 사람의 시각으로 서울시 구립도서관들을 살펴보게 되었다. 서울시 구립도서관 협의체의 공동대표를 2년 남짓 지내면서 여러 자치구 사례들을 간접적으로 경험하기도 했다. 낯설게 보기, 심리적 거리 두기 방식으로 구립도서관을 둘러싼 이해 당사자들인 행정기관, 위탁 주체, 관장과 직원들을 관찰하면서 대한민국 대표 도시 서울의 초라한 공공도서관 운영 실태를 목격하였다.

정부가 도서관 건립과 운영의 주체를 기초자치단체로 못 박은 이후 서울시에서는 각 구별로 구립도서관들이 속도를 달리하여 건립되기 시작했다. 커다란 열람실이 공간의 상당 부분을 차지하고 있는 ○○정보도서관 등이 초기에 세워진 구립도서관들이다. 그 뒤에는 작은도서관 바람을 타고 간신히 공공도서관의 법적 기준을 넘는 규모의 도서관들이 구립으로 지어졌다. 도서관의 역할이 커지고 이용자의 요구가 높아지면서, 몇 년 전부터는 주민의 다양한 욕구를 충족할 수 있는 중대 규모의 도서관들이 지어지고 있다.

## 모범으로 알려진 몇몇 구의 사례

좋은 도서관은 어떤 도서관일까? 건축이 아름다우며 시설이 좋고 이용이 편리한 도서관, 장서를 다양하게 갖추고 이용자들이 원하는 최신 정보를 신속하게 제공하는 도서관, 직원들이 친절하고 마을 사람들이 언제든 편안하게 이용하며, 마을에서 일어나는 일들을 함께 의논하고 의제를 이끌어 가는 도서관, 다양한 인적 네트워크들이 만들어지고 서로 연결되며 함께 토론하는 마을 민주주의의 산실. 언뜻 어렵지 않아 보이는 이런 요소들을 제대로 갖춘 도서관을 마을에 만들고 가꾸는 일은 어떻게 가능할까?

가뭄의 단비처럼 도서관 운영의 모범을 제대로 만들어 낸 자치구들이 있다.

서울시 A구는 도서관의 의미와 가치를 이해하는 구청장의 의지로 시설관리공단 산하에 있던 도서관을 구에서 만든 문화재단으로 모으고, 도서관 본부장을 두어 구립도서관 전체를 총괄 관리하게 했다. 시설관리공단이 운영하던 도서관에는 유료 좌석이 있는 열람실이 운영되고 있었는데, 열람실을 전부 없애고 공간을 리모델링하여 쾌적하고 밝은 분위기로 바꾸었다. 이 과정에서 많은 민원이 있었지만, 구청장이 확고한 의지를 갖고 막아 주어 성공할 수 있었다. 이후 이 구에서는 크고 작은 도서관을 여럿 지어, 주민 누구나 집 가까운 곳에서 편리하게 도서관을 이용할 수 있도록 하였다. 규모가 작은 도서관이라도 꼭 관장을 두어 독립적으로 운영하도록 했다. 마을과 만나는 협력 사업을 다양하게 기획하였고, 마을 의제를 논의하고 함께 해결을 모색하는 체제를 만들었다.

B구는 구청장이 지역에 중대 규모의 도서관들을 새로 건립하고, 대학에 위탁하던 도서관을 포함하여 구립도서관에 대한 운영권을 지역 복지재단에 맡겼다. 도서관 본부를 두어 도서관 전체를 총괄 관리하도록 했고, 재단은 도서관 운영에 일체 관여하지 않아 도서관을 소신껏 운영할 수 있게 했다. 도서관 본부장은 관장들과 협력하여 도서관이 마을 안에 튼튼하게 뿌리내릴 수 있도록 공들여 주민 사업을 진행하였다. 도서관이 마을 민주주의 실현에 일정한 역할을 할 수 있도록 정책적으로 배려하고 세밀한 부분까지 고려하여 도서관을 운영했다.

서울에서 비교적 모범 사례로 알려진 A, B구의 공통점은, 규모가 크지 않은 구립도서관이라도 꼭 관장을 두어 책임 경영을 하도록 한 점이다. 전체 도서관을 하나의 재단에 포함시켜 도서관 본부장이 관리하였고, 본부장이 소신 경영을 할 수 있도록 힘을 실어 주었다. 무엇보다 구청장이 도서관을 제대로 운영하겠다는 소신이 있었고, 도서관 전문가에게 권한과 책임을 주었다.

C구는 도서관은 많지만 종교 법인들이 도서관을 나누어 위탁 운영하고 있는 상태였다. 개별 도서관들의 규모가 크고, 자치구 도서관으로서는 역사도 비교적 오래된 편이었다. C구는 도서관들을 공공 재단으로 모으는 대신, 특색 있는 도서관을 건립했다. 행정과 마을과 건축이 협치로 건립한 그 도서관은 화제를 모았고 전국에서 벤치마킹하기 위해 방문하는 도서관이 되었다. 주민협동조합이 위탁 운영하는 방식도 화제를 모았다.

A, B, C, 세 구는 전 구청장 재임 8년 동안 비교적 안정적으로 모범 사례를 일구어 왔으나, 정치 지형이 바뀌면서 도서관에도 영향을 미치고 있다. 아쉽게도 지금까지 일군 변화가 지속되기는 어려울 것 같다. 자신의 업적이 되기 어려우면 기존의 긍정적인 성과라도 애써 무시하고 축소하려는 정치인들 때문에 좋은 사례가 계속 이어지고 발전하지 못하는 것은 우리 사회의 손실이다.

D구의 구립도서관은 시설관리공단에서 운영한다. 도서관 관장이 정규직으로 오랫동안 일하면서 안정적인 도서관 모델을 일구었다. 도서관 규모도 비교적 크고 도서관 운영 평가에

서 대통령상도 여러 번 수상하는 성과를 내어, 구에서도 인정받고 관장이 소신 있게 운영할 수 있는 토대도 마련되었다.

매우 열악한 도서관도 많다. 도서관장 한 명이 구립도서관 전체를 총괄 관리하는 곳도 꽤 있는데, 시설관리공단이 운영하는 도서관이 대개 그렇다. 아무리 능력자라도 도서관 여러 곳의 관장을 겸임하는 일이 쉽지는 않을 것이다. 각종 행정 업무를 처리하거나 현안들을 해결하느라 새로운 사업은 엄두를 내기 어렵다. 이런 조직은 사서 수도 적어서 겉으로 큰 문제는 없지만, 늘 제자리걸음만 할 뿐 발전은 기대하기 힘들다. 혁신과 변화를 가져올 시간과 인력이 절대 부족한 것이다. 시설관리공단에서 운영하는 도서관의 관장은 팀장이라 불리며, 도서관을 운영하는 재단에 있는 여러 부서의 팀장이자 시설 책임자에 불과하다. 도서관이 수행해야 할 역할과 시민들의 기대에 걸맞은 권한과 책임이 주어져야 하지만, 그에 미치지 못하는 경우가 많다.

문화재단도 사정은 다르지 않다. 관장은 계약직으로 일정한 시기가 지나면 교체되는 반면, 중간관리자는 정규직으로 오랫동안 자리를 지키다 보니 십 년이 채 안 된 조직인데도 변화와 혁신을 도모하기 어려워진다. 몇 개 안 되는 구립도서관 내부에서만 인사이동이 이루어지거나 그마저 막히다 보니 곳곳에서 정체가 일어난다. 전문가다운 소신과 능력이 부족한 관장들이 잠깐씩 머물다 간 자리는 황폐하다. 직원들은 조직을 신뢰하지 않고, 중간관리자는 변화를 두려워하고 일하기 싫어한다. 구립도서관 직원들도 공무원처럼 광역자치단체 차원에서 인사이동을 하고, 관장을 공정하게 채용한 후에는 관장이 추진력을 가지고 일할 수 있도록 제대로 힘을 실어 줄 때 도서관의 혁신과 변화가 가능할 것이다.

경기도는 일부 시를 제외하고 대부분 지자체에서 직접 도서관을 운영한다. 비교적 모범 사례로 꼽히는 도서관들은 대부분 관장이 전문직의 소신과 철학을 갖추고 도서관을 책임 경영하는 경우이다. 하지만 그들 역시 사서 수의 부족과 관료 체계의 경직성 때문에 변화를 일구고 발전을 도모하는 일이 쉽지 않다고 토로한다.

## 혁신은 어떻게 가능한가

도서관을 건립하고 운영하는 것은 자치단체의 책임이다. 지자체가 직접 운영할 경우에는 대체로 행정직 공무원을 도서관장으로 발령 낸다. 행정 조직에 사서직 공무원이 별로 없는 탓도 있겠지만, 도서관 관장을 꼭 사서로 임명할 필요는 없다는 인식도 한몫할 것이다. 퇴직을 앞두었거나 건강이 좋지 않은 공무원을 도서관장으로 보내는 것은 예전이나 지금이나 똑같다. 도서관은 그저 문만 열어 놓으면 저절로 운영되는, 관장의 능력이 별로 필요하지 않은 조직으로 보이는가 보다. 행정직 관장이라도 의욕이 있으면 뭔가 일을 해 볼 수 있겠지만, 실제로는 무기력하게 자리만 지키다 떠나는 경우가 많다.

대부분의 구립도서관을 위탁 운영하는 서울시의 경우 위탁 주체가 시설관리공단에서 문화재단으로 전환되는 추세이며, 일부 구는 민간 법인과 사회단체 등에 도서관 운영을 위탁하고 있다. 특히 구립도서관들을 4~6개의 민간 법인과 단체에서 나누어 운영하는 구도 있는데, 시민단체를 포함한 지역의 토호세력들이 도서관을 분할 점령하고 있는 형국이다. 도서관 운영도 서로 다른 위탁체들이 경쟁을 해야 더 잘할 수 있다고 말하는 정치인과 공무원들이 여전히 있다.

도서관을 위탁받은 기관은 공정하게 관장과 직원을 채용하고, 소신껏 운영하도록 관장에게 권한을 주면 된다. 그러면 도서관장은 직원들과 최상의 도서관을 만들기 위해 아이디어를 모으고, 지역 주민들의 요구에 부합하는 도서관을 만들기 위해 혼신의 노력을 다할 것이다.

그런데 현장에서는 이런 기본적인 원칙이 잘 지켜지지 않는다. 장기적으로 지역민 전체에게 이익이 되지 않는 근시안적이고 인기에 영합하는 정책에 매몰되다 보면 도서관의 큰 그림을 그리기 어렵다.

의욕 있는 직원들이 즐겁게 배우고 일하는 도서관, 마을 의제를 주민들과 함께 만들고 마을 네트워크의 중심이 되는 도서관, 지역민 모두가 주인처럼 이용하고 사랑하며 아끼는 도서관. 그런 도서관을 만드는 일은 단체장의 의지와 방향만 뚜렷하면 어렵지 않다. 이제 우리도 그런 도서관을 갖는 행복은 누릴 수 있지 않겠는가.

# 지역대표도서관의 사명과 역할

도서관에 대한 시민들의 기대가 높아지고 있다. 가까운 거리에서 편리하게 이용할 수 있는 도서관도 중요하지만, 쾌적한 시설과 충분한 장서를 갖춘 규모가 큰 공공도서관을 이용하고 싶다고 말한다. 동네 도서관은 너무 작고 시설도 충분하지 않으며 보고 싶은 책이 별로 없다는 것이다. 우리나라 국민 1인당 도서관 면적과 장서 수는 도서관 선진국과 비교해 낮은 편이다. 도서관 인프라를 서둘러 확충하기 위해 규모가 작은 도서관들을 많이 지어, 공공도서관 기준을 간신히 넘기는 규모의 공공도서관들이 많다.

대형 서점에서 독서에 몰두하는 시민들에게 왜 도서관에 가지 않고 서점에서 책을 읽느냐고 물어보면, 서점에는 책이 많고 책을 읽고 싶은 분위기라고 말한다. 동네 도서관이 매력적이지 않고 책 읽기 좋은 환경이 아니라는 얘기이다. 교육청에서 운영하는 시립도서관의 경우에는 장서가 많고 규모도 구립도서관보다 크지만, 여전히 열람실 중심이고 멀어서 가기 힘들다고 말한다. 풍부한 장서와 다양한 기능을 갖춘 도서관에 대한 국민들의 요구에 비추어 본다면 규모가 큰 공공도서관이 더 많이 필요하다.

2009년 개정된 도서관법에서는 특별시와 광역시, 특별자치시와 도, 특별자치도가 지역대표도서관을 지정 또는 설립하여 운영하도록 명시하고 있다. 지역대표도서관의 업무는 시도 단위의 종합적인 도서관 자료의 수집, 정리, 보존 및 제공, 지역의 각종 도서관 지원 및 협력사업 수행, 도서관 업무에 관한 조사 연구 등으로 규정되어 있다. 이에 따라 2012년 서울시청 앞 서울 심장부에 서울도서관이 개관하였고, 전국 시도에서 지역대표도서관을 지정하거나 새로 건립하고 있다.


**지역대표도서관 건립과 운영 현황**


2013년, 문헌정보학과 전·현직 교수, 연구자들과 함께 '대구

도서관 포럼'을 만들어 2016년까지 매년 '대구 도서관 발전 토론회'를 열었다. 2014년 토론회에서 대구 대표도서관 신규 건립 필요성이 제안되었고, 2015년에는 부산대 장덕현 교수를 초청하여 대구보다 한발 앞서 진행 중이던 부산 대표도서관 건립 과정과 역할에 대해 들었다. 2016년에는 당시 서울도서관 관장을 맡고 있던 현 한국도서관협회 이용훈 사무총장에게 대표도서관의 운영에 대해 발표해 주도록 부탁했다. 이렇게 대표도서관에 대한 지속적 여론 환기를 통해 대구시는 대표도서관 건립을 추진하게 되었다. 현재 대구시는 대표도서관 명칭을 시민 공모로 하여 '대구도서관'으로 정하고, 남구 봉덕동에 있는 반환 예정 미군 헬기장을 부지로 정하여 도서관 건립을 진행하고 있다.

전국 광역시도에 건립하기로 된 지역대표도서관은 이미 개관한 서울, 충남, 울산, 경남, 경북에 이어 2020년 부산도서관이 개관했다. 그런데 어렵게 건립된 지역대표도서관이 애초 설립 목적에 맞는 역할을 하고 있는지 짚어볼 필요가 있다.

울산지역 방송은 2018년 개관한 울산도서관의 관장이 개관 이후 네 번이나 바뀌어 행정의 연속성을 잃고 있다고 보도했다. 1만 5천 제곱미터 규모에 지역 최초 시립도서관으로 건립된 울산도서관이 지역민의 기대에도 불구하고 애초 설립 취지를 살리지 못하고 있다는 내용이었다. 몇백억의 예산을 들여 신규 건립된 지역대표도서관 관장 자리가, 도서관에 관심도 의지도 없는 행정직 공무원의 정년을 마감하는 자리가 되어 버린 것을 어떻게 보아야 할까? 지역대표도서관으로서 사명과 역할을 자각하고, 신규 사업을 계획할 꿈이나 꿀 수 있을까?

사정은 경북 대표도서관으로 2019년 개관한 경북도서관도 마찬가지이다. 도서관계 누구도 진행 상황을 모를 정도로 조용히 진행된 경북도서관 건립은 경북도청이 있는 안동에 한옥 양식으로 지어져 개관하였다. 경북도서관 개관을 알리는 언론 보도 자료조차 찾기 힘들 정도로 조용히 진행된 도서관 운영 실상은 어떠할까? 경북 대표도서관이라는 이름이 부끄러울 정도로, 행정지원팀 외에 실질적 도서관 운영 부서라 할 정책운영팀과 정보서비스팀 직원은 아홉 명에 불과하다. 도서관 운영 경험이 없는 행정직 관장과 아홉 명에 불과한 사서 직원으로 경북도서관이 지역대표도서관으로서 소명을 다할 수 있을까? 시설 현황을 살펴보아도 경북도서관은 규모가 큰 지역 공공도서관 정도에 머물 뿐 그 이상의 역할을 자신의 사명으로 여기는 것 같지 않다. 경북의 시·군·구 도서관들을 지원하고 협력하며 도서관 업무를 조사 연구한다는 내용은 그 어디에도 보이지 않는다.

**[표 4] 지역대표도서관 현황**

| | 도서관명 | 개관 | 주소 | 비고 |
|---|---|---|---|---|
| 서울 | 서울도서관 | 2012년 | 서울특별시 중구 | 신규 건립 |
| 부산 | 부산도서관 | 2020년 11월 | 부산광역시 사상구 | 신규 건립 |
| 대구 | 대구도서관 | 2024년 완공 예정 | 대구광역시 남구 | 신규 건립 추진중 |
| 인천 | 미추홀도서관 | 2009. 6. 23 | 인천광역시 남동구 | |
| 광주 | 무등도서관 | 1981. 12. 15 | 광주광역시 북구 | |
| 대전 | 한밭도서관 | 1989. 12. 20 | 대전광역시 중구 | |
| 울산 | 울산도서관 | 2018. 4. 26 | 울산광역시 남구 | 신규 건립 |
| 세종 | 세종도서관 | 2021. 11. 11 | 세종특별자치시 | 신규 건립 |
| 경기 | 경기도서관 | 2023년 개관 예정 | 수원시 영통구 | 신규 건립 중 |
| 강원 | 춘천시립도서관 | 1950. 1. 15 | 강원도 춘천시 | |
| 충북 | 청주시립도서관 | 2003. 9. 4 | 충북 청주시 | |
| 충남 | 충남도서관 | 2018. 4. 25 | 충남 홍성군 | 신규 건립 |
| 전북 | 전북도립도서관 | 2024년 완공 예정 | 전주시 기지제공원 | 신규 건립 추진 중 |
| 전남 | 전라남도립도서관 | 2012. 1. 12 | 전남 무안군 | |
| 경북 | 경북도서관 | 2019. 11. 13 | 경북 예천군 | 신규 건립 |
| 경남 | 경남도서관 | 2018. 2. 12 | 경남 창원시 | 신규 건립 |
| 제주 | 한라도서관 | 2008. 11. 13 | 제주시 | |

* 출처: 문화체육관광부 국가도서관통계시스템 (libsta.go.kr)

마침 도메리(도서관메일링리스트, 국내 도서관계의 대표적인 정보 교환 및 전달 창구 역할을 하고 있는 메일링 서비스)에서 지역대표 도서관이 공공도서관에서 폐기하는 장서를 모으는 곳이 되고 있다는 도서관인의 글을 보았다. 철학과 방향성도 없이 폐기 도서를 모으는 것이 대표도서관의 존재 이유와 운영 방향에 맞는 일일까? 개별 도서관의 장서 보존에 한계가 있으니, 대표도서관이라면 지역 단위에서 의미 있는 장서에 대한 기준을 확립하여 체계적으로 장서를 수집하고 보존하는 것이 필요할 것이다.

2019년 서울시는 동대문구에 서울도서관을 신규 건립하고, 5개 권역별로 서울도서관 분관을 건립하겠다고 밝혔다. 동대문구 전농동에 3만 5천 제곱미터의 도서관을 건립하여 시청 앞 서울도서관의 조직과 역할을 옮기고, 권역별로 대표도서관 분관을 건립하여 인문사회과학, 예술, 미디어, 생태, 창업 비즈니스로 특화한다는 계획이다. 이는 미국 뉴욕공공도서관 분관이 권역별로 특화된 것에 아이디어를 얻은 것으로 보인다. 이렇게 도서관들이 특화된 주제를 갖고 건립되어 지역민들에게 서비스하는 것은 의미 있다고 생각한다.

현재 서울시 소재 공립 공공도서관은 2020년 기준 서울시에서 직접 운영하는 서울도서관 1개관과 교육청에서 운영하는 서울시립도서관 22개관, 각 구에서 운영하는 구립도서관 161개관이다. 자치구 도서관과 교육청에서 운영하는 도서관 행정체계 일원화는 오래전부터 추진되어 왔으나, 교육청 도서관의 반대로 진척되지 못하고 있다.

이렇게 각기 다른 주체가 운영하는 도서관들에 대한 효율적인 운영 체계 확립이 서울시 대표도서관과 분관이 건립되면서 제대로 이루어질 것인지 궁금하다. 현재 추진 중인 도서관법 개정안에 따르면, 지역대표도서관이 공공도서관의 범주에 들어갈 가능성이 높다고 하니, 지역대표도서관이 규모가 큰 또 하나의 공공도서관으로 자기 성과를 내기 위해 다른 구립도서관과 경쟁하는 모양새가 되어 버릴 것 같아 우려된다.

미국 뉴욕공공도서관의 체계 속에서 빛을 발하는 특화 도서관들이 우리나라에서 제대로 실현되는 것도 물론 의미 있는 일이다. 하지만 세계적인 규모를 자랑하는 대도시 서울에서는 권역별 대표도서관 분관 하나하나가 지역대표도서관의 역할을 할 필요가 있기에, 실질적인 권역 대표도서관으로서 역할을 더 잘할 수 있는 방향으로 설계되면 좋겠다.

## 지역대표도서관을 시민들과 함께 만들어 나간다면

2019년 경기도 대표도서관 건립 관련 100인 토론회에 참가한 적이 있다. 남경필 전 경기지사가 수원 광교에 국내 최대 규모의 경기도 대표도서관을 건립하는 것과 관련된 논란을 여러 차례 보도로 접한 터였다. 신임 이재명 경기지사는 100인 토론회를 통해 경기도 대표도서관의 건립 지역과 규모에 대한 논란을 잠재우고, 시민들의 공감과 이해를 끌어내기 위해 토론회를 기획한 것 같았다.

토요일 이른 아침 수원 경기도청에서 열린 토론회에 참가하였을 때, 다양한 연령대의 시민들이 모여 활발하게 의견을 개진하는 모습을 보고 깊은 인상을 받았다. 이 자리에서 경기도 대표도서관 건립 지역과 도서관 규모에 대한 시민 합의가 도출되었고, 토론회를 기점으로 경기도는 도서관을 건립하기 시작했다. 토론회에 참가했던 경기도민들은 대표도서관 건립에 자신도 참여했다는 자부심을 느꼈을 것이다. 토론회가 애초 경기도에서 의도한 결론을 이끌어 내기 위한 형식적 과정에 불과했을지 몰라도, 그 과정 자체가 상당한 의미를 지녔다고 생각한다. 도서관에 대한 시민들의 요구는 아직 상당히 상충되는 측면이 있기에, 모든 내용을 공개하고 토론을 통해 합의를 이끌어 낸다면 누구도 이의를 제기하기 어려울 것이다.

서울도서관과 지역 분관에 대한 시민들의 관심은 매우 높다. 서울시는 전문가 용역을 바탕으로 도서관 건립에 대한 화려한 청사진을 준비했다. 이대로 진행된다면 규모가 크고 멋진 도서관이 건립될 것이 분명하다. 하지만 거기에 머물지 말고, 시민들의 자긍심과 애정이 깃든 서울의 명소로 만들기 위해 시민 참여를 이끌어 낼 여러 방법을 건립 과정에 적극적으로 도입해 보면 어떨까?

구산동도서관마을의 경우 건립을 구청에서 결정하였지만, 건립 과정에 주민들의 참여를 이끌어 내고 건립 후에도 주민들이 운영에 참여하는 체제를 만들기 위해 노력하였다. 그 결과 도서관은 단순한 구립도서관이 아니라, 지역 주민들이 자긍심을 갖고 애착하는 진정한 주민들의 도서관이 될 수 있었다. 구산동도서관마을의 다양한 공간과 독특한 운영은 주민들의 목소리가 실질적으로 반영된 결과이다.

세계에 자랑할 만큼 크고 멋진 도서관을 세우겠다고 서울시가 공표한 서울도서관과 분관 건립도 시민들의 참여를 이끌어 내기 위해 지혜를 모으면 좋겠다. 시민과 도서관계가 두루 참여하는 '도서관건립위원회'를 구성하여 도서관 건립 과정에 함께하면 어떨까? 공무원과 정치가가 아닌, 건축가와 도서관 전문가와 도서관을 사랑하는 시민들이 머리를 맞대고 새로운 도서관 운영 모델을 함께 고민해 보면 어떨까?

　도서관 관장 선임, 장서 구성, 프로그램 운영에 대해서도 시민들의 참여가 보장되면 좋겠다. 도서관운영위원회의 권한을 단순한 자문기구가 아닌 도서관위원회로 격상시켜, 시민들이 직접 도서관을 운영하도록 하면 어떨까? 시립도서관을 위한 기금을 모으고 관장을 선임하고 도서관을 운영하는 미국식 모델을 우리도 적극 도입하여 정착시키기 위해 노력해 보면 어떨까? 지역대표도서관이 새로운 사고와 운영 철학으로 시민과 함께하는 도서관이 될 수 있도록 시민의 지혜와 열정을 모으고, 그 과정 자체가 책과 도서관의 소중함을 인식하고 함께 지켜나가는 시민운동이 될 수 있으면 좋겠다.

# 코로나19 시대의 도서관

코로나19가 우리의 일상을 크게 흔들어 놓았다. 이제 세계는 코로나 전과 후로 나누어질 것이라고 할 정도로 코로나가 우리 사고와 삶에 미친 충격과 영향은 엄청나다.

전국 도서관마다 조금씩 차이는 있지만, 도서관을 휴관한 지도 2개월이 가까워 온다. 사상 초유의 전국 도서관 동시 휴관 사태가 길어지면서, 재난의 시기에 도서관이 무엇을 해야 하고 할 수 있는지에 대해 생각이 깊어진다.*

---

* 이 글은 2020년 코로나 발생 직후 전국 대부분의 도서관이 휴관 2개월 정도가 된 시점에 썼다. 2021년 12월 현재는 모든 도서관이 개관하였으며, 운영 시간도 코로나 이전과 거의 동일하다. 행사를 비대면으로 하거나, 도서관 좌석 수를 50%로 제한하는 등 운영 형태는 도서관별로 일부 차이가 있다.

## 재난에 대처하는 공공도서관의 자세

적과의 전투가 한창인 도시 한복판에서 단 하루도 문을 닫지 않고 서비스를 계속한 도서관 이야기를 인상 깊게 읽은 적이 있다. 2차 세계대전 시기 러시아 도서관 이야기이다. 페테르부르크에 있는 과학아카데미도서관은 러시아에서 시조 격에 해당하는 도서관이다. 당시 독일군은 페테르부르크를 9백 일간 봉쇄하여 식량과 연료의 공급을 차단했고, 그 바람에 67만여 명이 굶어 죽고 얼어 죽고 포탄에 맞아 죽었다.

이러한 시기에 러시아 과학아카데미도서관은 단 하루도 문을 닫지 않았다. 영하 30~40도까지 수은주가 내려가는 극심한 혹한에 유리창도 깨져 없고 난방도 못 한 상태에서 문을 열었다. 심지어 군대와 병원을 위해 이동도서관까지 운영했다. 직원들은 살인적 추위와 배고픔, 날아오는 포탄 속에서 도서관의 자료와 열람자를 보호하기 위해 사투를 벌였고, 그 결과 당시 직원의 절반 정도가 사망했다.

총격으로 깨진 유리창, 여직원들이 두꺼운 옷과 털모자를 걸치고 독일군의 공습을 감시하기 위해 옥상으로 올라가는 모습, 독서에 열중하는 시민들의 모습이 담긴 사진들은, 참혹한 시대에도 사명을 완수하고자 최선을 다한 도서관과 사서의 모습을 증언하고 있다. 공포와 불안에 떨던 페테르부르크의 시민들은 전쟁이 계속되는 엄혹한 순간에 단 하루도 꺼지지 않은 도서관의 불빛에서 희망의 메시지를 읽었을 것이다.

2001년 전 세계를 놀라게 한 테러 사건인 미국 9.11 사태 때도 도서관의 활약은 두드러졌다. 당시 도서관의 신속한 정보 제공과 시민들에 대한 서비스는 이후 미국 사회에서 도서관에 대한 평가를 높이는 계기가 되었다. 테러 발생 직후 뉴욕 공공도서관 사서 그렉 카렌버그는 테러 사건을 겪은 시민이 필요로 하는 정보를 상정하여 그것들에 대응하는 정보원을 정리한 웹 사이트를 개설하였다.

도서관 웹 사이트 '긴급 전화번호 리스트' 항목에는 병원, 경찰, 재해 지원 단체, 시의 긴급용 창구, 헌혈, 기부, 자원봉사, 보험에 대한 각종 상담 창구 등의 안내 정보가 게재되었다. 그 외에도 메일로 사서에게 문의할 수 있는 체제를 마련했으며, 사건의 배경을 이해할 수 있도록 중동, 이슬람 등의 다른 문화 이해, 종교 등을 주제로 한 추천 도서 목록도 있었다. 고통을 느끼는 시민을 위한 카운슬링 정보도 제공되었으며, 사건에 충격을 받은 사람들이 정신적으로 안정을 찾을 수 있는 시나 소설, 치료 등의 도서 일람도 게재했다. 정보를 계속 갱신하였고, 10월에 탄저균 사건이 일어나자 생물 병기 테러에 대한 정보, 그 대처법과 관련한 서적 리스트, 링크집을 즉각 작성하였다.

지역 커뮤니티의 정보 센터로서 긴급 사태에 신속하게 대응할 수 있는 도서관 정보의 축적과 실행력은 물론 하루아침에 이루어지지 않았을 것이다. 그런 점에서 우리 도서관들은 이런 정보들을 얼마나 축적하고 있는지, 사명감과 목적의식을 갖고 축적하는 기관은 과연 있을지 궁금해진다.


## 코로나19 시기에 도서관들이 한 일

공공도서관들이 휴관에 들어가기 시작한 직후, 휴관이 얼마나 길어질지 어느 정도로 사태가 확산될지 예측하기 어려운 상황이었기에, 비교적 단기간의 업무 계획을 세워 진행하기 시작했다. 계획된 강연회와 프로그램들을 연기하거나 취소하는 안내 문자를 보내고, 쉼 없이 걸려 오는 시민들의 문의 전화를 받았다. 정기적으로 하고 있는 장서 점검을 앞당겨 실시하고, 밀린 일을 하거나 미흡했던 사업 계획을 세우기도 했다. 그러는 한편, 전쟁이나 테러와 다른 바이러스 감염이라는 새로운 상황 속에서 도서관이 어떤 서비스를 할 수 있을지에 대한 모색과 토론이 이어졌다.

지하철역에 설치된 무인도서대출반납기(스마트도서관, U-도서관)와 각 도서관마다 보유하고 있는 전자도서관 이용 안내부터 먼저 시작했다. 일부 도서관들은 코로나19와 같은 전염병에 대해 궁금해 하는 이들을 위한 정보 제공, 웹 사이트 소개 등을 시작했다. 온라인을 통해 코로나19 관련 정보를 제공하고, 코로나19 공식 홈페이지를 링크해 원하는 이용자들이 정확한 정보를 얻을 수 있게 했으며, 관련 기관 링크 서비스를 제공했다. 인터넷, SNS 등을 통해 코로나19 관련 가짜 뉴스가 확산되면서 국민의 불안감이 커지고 부정확한 정보로 혼란이 야기되고 있는 것을 우려하여, 정확한 정보를 신속하게 수집하여 제공했다.

　그림책을 읽어 주는 동영상 스트리밍, 책을 읽어 주는 오디오북 스트리밍, 컨텐츠 다운로드 서비스를 제공하는 도서관도 있다. 전자 잡지와 국내 학술지 원문 DB 제공 서비스를 확대 실시하기도 한다. SNS 등 온라인으로 독서 토론, 글쓰기, 시詩 필사 모임 등을 운영하거나, 온라인으로 활용할 수 있는 다양한 홈페이지를 공유하기도 하고, '한국영상자료원 한국영화극장'(유튜브 채널) 등 집에서 활용할 수 있는 웹 사이트를 소개하거나, SNS를 통해 '바이러스 관련 북큐레이션'을 선보이기도 했다.

일부 도서관은 미리 예약을 받은 후 택배로 책을 보내 주는 서비스를 시작했다. 예약된 책을 찾아 대출한 후 박스에 넣고 포장하여 발송하는 서비스로, 비용이 들기 때문에 선착순으로 한정된 이용자에게 서비스한다. 직원이 직접 예약 도서를 배달하는 도서관도 있다. 직접 배달과 택배, 방문 대출 중 이용자가 선택하도록 한다.

어떤 도서관은 '북 드라이브 스루' 서비스를 시작했다. 예약된 도서를 미리 찾아 놓은 다음, 이용자가 오면 회원증을 받아 스캔한 후 예약된 책을 갖다 주는 방식이다. 방호복을 입고 자동차로 책을 가져다주는 도서관 직원의 모습이 일부 언론에 보도되기도 했다. '북 드라이브 스루'는 주차와 통행 등 차량 이동 공간이 있어야 가능하기에 여건이 되는 도서관만이 이 서비스를 시행할 수 있다.

몇몇 도서관은 예약 도서 대출 서비스를 시작했다. 인터넷으로 예약된 도서를 찾은 후 문자를 보내면, 이용자가 방문해 책을 대출하는 형태이다. 도서관 문을 열 수 없기 때문에 제한된 공간에서 책을 대출해 준다. 버스터미널의 매표 창구 같은 조그만 창문을 열어 책을 내주는 도서관도 있고, 도서관 출입문 근처 방풍 공간에서 대출 작업을 진행하기도 한다.

하루 두세 시간 정도 한정된 시간에 대출을 진행하는 도서관이 대부분이지만, 내가 근무하는 도서관은 주 6일, 하루 여덟 시간씩 진행하고 있다. 창밖에 있는 시민에게 목소리가 잘 들리도록 소형 마이크를 착용하고 대출 업무를 진행하는 모습이 도서관에서는 낯설지만 새롭기도 하다. 비대면 서비스 취지를 살려 예약된 도서를 도서관 입구 사물함에 비치해 두고 직접 찾아가게 하는 도서관도 있다.

예약 도서 대출의 경우, 사서가 책을 일일이 찾아서 보관해 두었다가 빌려주는 형태이기 때문에 손이 훨씬 많이 간다. 과거 도서관이 폐가제로 운영될 때 책을 찾아 주는 것과 비슷한 형태인데, 책 대출 권수가 그때보다 훨씬 많다. 도서관의 다양한 서비스에 대해 시민들은 긍정적인 반응을 보이면서도, 일부 서비스에 대해서는 직원들의 안전과 감염 확산을 우려하기도 한다.

한편, 여러 서비스들이 도서관별로 상이하고 산발적으로 진행되어 시민들에게 골고루 전달되지 못할 수 있다. 예약 도서 대출 서비스의 경우에는 비대면 서비스라고 할 수 없고, 정부의 강력한 사회적 거리두기와 어긋나는 면도 있다. 서울의 한 대학원생이 코로나19 사태로 폐쇄된 도서관 지정 열람실을 열어 달라고 가처분 신청을 냈다가 패소한 사례는 감염병 시대 개인의 권리와 공공의 의무에 대해 시사하는 점이 있다.

## 신종 전염병과 도서관의 미래

바이러스로 인한 감염병 확산이라는 상황은 전쟁이나 9.11 사태 같은 테러와는 대응 양상이 사뭇 다를 수밖에 없다. 신종 코로나는 본인의 감염과 함께 다른 이들도 감염을 시키게 되어 사회적 거리두기가 권장되는 질병이다. 치명적인 전염병으로부터 비교적 자유로웠던 우리 세대에게 현재의 상황은 낯설고 새로운 공포와 불안, 고민거리를 던져 준다. 전문가들은 이제 코로나와 같은 바이러스가 주기적으로 창궐할 것이라고 예측한다.

아직 코로나 사태가 끝나지는 않았지만, 지금 도서관들이 제공하고 있는 여러 서비스들을 모아 체계적으로 분류하고 정리할 필요가 있다. 유사한 사태가 다시 발생할 것에 대비하여 접촉을 최소화하면서 대출, 반납을 진행할 장치를 개발하고 대응 매뉴얼을 준비해야 할 것이다. 또한 재난 시 이번처럼 지자체별로 도서관 서비스 범위에 대해 상이한 입장을 보일 경우, 지자체 소속 도서관으로서 소신 있는 대응이 어렵기 때문에, 정부나 광역자치단체 차원에서 공공도서관 서비스에 대한 통일된 지침을 내리고 시행하는 것도 필요하지 않을까 한다.

다른 한편, 코로나 발생 직후 소극적이고 방어적인 태도로 몇 주간을 허비하지는 않았는지, 행정기관의 요구에 한발 앞서 먼저 고민하고 서비스를 개발하는 적극적인 태도가 부족하지는 않았는지 스스로 돌아본다. 사회적 거리두기와 비대면 서비스라는 원칙을 지키면서도 시민들이 필요로 하는 서비스를 제공할 수 있는 방법은 무엇일지, 어려운 시기일수록 더 필요한 직업 정신과 사명감은 무엇일지 생각이 깊어진다.

②

작은도서관에서
공공도서관까지

# 새벗에서 시작된 도서관의 꿈

1980년대 후반 전국에서 활성화된 민간 도서관 설립 움직임은, 오래 지속된 권위주의 정권의 지식과 정보의 독점에 항의하는 지식 민주화 운동의 일환이기도 했고, 일상적 시민 문화 공간을 통해 시민들과 만나려는 초보적 단계의 문화 운동이기도 했다.

서울, 부산 등 전국 주요 도시에서 민간 도서관이 활발하게 설립되었다. 서울 중랑의 푸른소나무 주민도서실, 관악의 난곡 주민도서실, 대구 새벗도서원, 마산 책사랑도서관, 부산의 노동 도서원이 모두 이런 맥락에서 설립된 도서관들이었다. 이런 민간 도서관들은 지역에 따라 조금씩 성격을 달리하면서 설립 운영되었으며, 사회운동의 분화와 심화 속에서 소멸되거나 다른 형태로 변화 발전하게 된다.

## 청소년과 함께 출발하여 노동자와 동행하다

나는 1988년에 대학을 졸업하고 중학교에서 영어 교사로 일하면서 민간 도서관 설립을 준비하기 시작했다. 사립학교 교사로 사회에 첫발을 내디뎌 보니 사회는 대학에서 책으로 배운 것보다 훨씬 부패한 것처럼 보였고, 사회 변화를 위해 할 수 있는 일이 없을까 고민이 깊던 무렵이었다. 우연히 부산의 늘푸른도서원이라는 곳에서 청소년을 위한 도서원을 운영하고 있다는 소식을 듣고 직접 방문한 뒤 도서관 설립을 계획하였다. 당시 부산은 노동도서원을 비롯해 여러 계층을 대상으로 하는 민간 도서관 운동이 활발한 상태였다.

새벗도서원을 설립했을 당시 인구 200만의 대구광역시에 공공도서관은 교육청에서 운영하는 시립도서관 7개관에 불과했다. 도서관 수도 절대적으로 부족했지만, 대부분의 도서관이 도서 대출 반납과 개인 공부를 위한 열람실 중심으로 운영되었고, 문화 프로그램도 구태의연하여 시대 변화를 반영하지 못하고 있는 상태였다. 시민들이 새로운 정보를 구하거나 자유롭게 만나고 교류할 시민 문화 공간이 필요했다.

사재를 털고 주위의 도움을 받아 일 년여 준비를 거쳐 1989년 7월 1일 대구시 중구 봉산동 동아양봉원 4층에 '새벗도서원'을 열었다. 당시 이미 몇 개의 청소년 모임을 만들어 운영하고 있었고, 인근 고등학교에 널리 입소문이 나 있는 상태였기에 도서원을 열자마자 청소년들이 몰려들기 시작했다. 조그마한 도서원은 학교가 파하는 시간이면 청소년들로 북적거렸으며, 특히 주말에는 종일 바글거렸다.

그런데 예상했던 청소년들 말고도 뜻밖의 이용자들이 도서원에 모여들었으니, 바로 이십대 청년들이었다. 청년들 역시 갈 곳이 없었던 것이다. 그들은 간호사나 사무직, 서비스직, 생산직 등 다양한 직종에 근무하고 있었고, 군 대체복무 중인 청년들도 있었다. 자연스럽게 모여든 청년들을 위해 여러 소모임을 만들었다. 가장 먼저 등산반이 만들어졌고, 풍물반, 노래반, 글쓰기반, 역사연구반 등이 뒤를 이었다. 청년들은 책을 읽으러 도서원에 모였지만, 술을 마시거나 취미 소모임을 하느라 더 많은 시간을 보냈다.

등산반은 매월 산행을 가는 한편, 여름철에는 휴가를 맞추어 지리산 종주 산행을 떠나곤 했다. 별이 쏟아지는 세석평전에서 노래를 불렀고, 밤늦게 술잔을 기울이며 삶의 이야기를 나누었다. 섬유공장에서 일하고 기숙사에서 생활한다던 어느 여성은 이런 경험이 처음이라고 했다. 투표를 한 적도, 친구들과 야유회를 가 본 적도 없다던, 나보다 조금 어린 그 여성 노동자의 말은 당시 내게 충격으로 다가왔다.

새벗도서원이 대구 중구에 있던 십 년 동안 청년들은 소모임을 통해 도서원의 주축으로 활동했고, 직장인들 외에도 작가 지망생이나 무명 연극배우, 취업을 준비 청년 등 다양한 부류의 청년들이 도서관에 모여들었다. 그들이 자원봉사를 하며 도서관 운영을 도왔고, 함께 영화제와 동아리 연합 행사를 준비했다.

도서원이 개원한 지 일 년 남짓 지날 즈음부터 공간이 좁다는 말들이 나오기 시작했다. 마침 어떤 분이 다가구주택 반지하 공간을 청소년을 위해 내주겠다고 하여 청소년도서원은 분가를 했다. 옮긴 공간은 너무 예뻐서 청소년들이 '캔디의 집'이라고 불렀다. 하지만 청소년들이 많이 드나들다 보니 이웃들이 불편해 하기도 했고, 집주인에게 세무 조사를 하겠다는 둥 경찰의 압력도 있어서 오래 그곳에 있지는 못했다.

그 후에도 새벗청소년도서원은 꽤 오랫동안 경찰이 신경 쓰며 관리하는 곳이었다. 자그마한 도서원에서 아이들이 책을 읽고 친구들과 놀며 독서 모임을 할 뿐이었는데도 그랬다. 1990년대 초반이었다.

## 좀 더 도서관답게, 민간의 힘으로

이후 새벗청소년도서원은 도서원으로서의 성격보다 청소년 교육 문화 사업을 전문 영역으로 하면서 독자적인 길을 가게 된다. 새벗도서원의 주요 이용층이던 청소년들이 떠나고 나니, 도서원을 계속 운영해야 할지 고민이었다. 하지만 청년들이 애착을 갖고 계속 이용하는 덕분에 좀 더 확장하여 도서관답게 만들어 보기로 마음먹었다.

1993년 6개월간 기금을 모으러 지역의 어른들을 찾아다녔고, 마침내 4천만 원의 거금을 모아 '새벗도서관'을 개관하였다. 새벗도서관은 교통이 편리한 위치에 있었으며, 책을 읽을 수 있는 열람실과 회의실, 휴게 공간을 갖춘 어엿한 도서관이었다. 당시로는 드물게 전면 개가식에 2만 권 이상의 책을 갖추었고, 클래식 음악이 잔잔히 흐르는 북카페 같은 분위기여서 시민들이 독서뿐 아니라 만남의 장소로도 애용하였다. 화제가 되거나 인기 있는 도서를 신속히 갖추어 어린이부터 청년, 성인 등 이용 계층이 다양하였으며, 공공도서관이 오후 6시면 문을 닫던 시절에 밤 9시 30분까지 운영하여 시민들이 편리하게 이용할 수 있도록 했다.

새벗도서관은 개관 후 10년 동안 정부와 자치단체의 어떤 지원도 없이 오롯이 민간의 힘으로 운영되었다. 사립 공공도서관으로 등록한 뒤에도 약간의 공적 지원금 외에는 자력으로 운영되고 있으며, 전국에서 가장 오래된 민간 도서관으로서 역사성을 갖고 있다. 많은 민간 도서관들과 달리 이처럼 긴 시간에 걸쳐 존속할 수 있었던 것은 운영자의 의지와 더불어, 새벗이 좋은 책들을 갖추고 기존 공공도서관과 다른 차별화된 서비스를 제공할 것이라는 시민들의 암묵적 기대와 지지가 있었기 때문이라고 본다.

새벗도서원 초기 주 이용자였던 청소년이나 청년들에게는 편안하게 이용하고 교류할 문화 공간에 대한 욕구가 컸다. 노원구의 공릉청소년센터와 은평구의 신나는에프터센터에 가 보고 깜짝 놀랐고, 그런 공간들이 더 많이 생겨야 한다고 생각했다. 청소년들이 모여서 놀고, 배가 고프면 먹고, 친구를 사귀기도 하는 공간. 그런 공간들은 여전히 우리 청소년들에게 필요할 것이다.

문화 공간이 필요한 것은 청년들도 마찬가지이다. 학교라는 보호막을 벗어나 사회에 내던져진 것처럼 느끼며 막막해 하는 청년들을 따뜻이 맞아 보듬어 주고 이끌어 주는 곳이 필요하다. 공공도서관이 편안한 공간이 되어야 하고, 청년들에게 더 적극적으로 손을 내밀어야 한다고 생각하는 이유이다.

## 새벗을 넘어 더 넓은 도서관의 세계로

1999년 새벗도서관은 중구에서 달서구로 이전하였고, 대구 사립 공공도서관 1호로 등록하였다. 인구 60만의 주거지역이지만 공공도서관은 구시가지에 시립도서관 한 곳밖에 없던 달서구에서 새벗도서관은 그때부터 지금까지 사립 공공도서관으로 역할을 다하기 위해 노력하고 있다.

새벗도서관을 중구에서 달서구로 옮기면서, 청년들 대신 어린아이가 있는 가족이 주 이용자층이 되었다. 마을도서관으로 지역 속에 뿌리내리겠다고 생각하며 도서관을 옮긴 것이었지만, 청년들을 잃어버린 것은 지금도 아쉽다.

2000년대에 들어서면서 기존의 주민도서실, 노동도서원 대신 어린이도서관과 작은도서관이 새롭게 전국 곳곳에 생기게 되었고, 구 단위 공공도서관이 마을 곳곳에 건립되면서 시민들의 도서관 이용 여건은 훨씬 좋아졌다. '걸어서 10분 거리에 마을도서관을', '책 읽는 ○○구'는 선거 홍보 현수막이나 구청 정책 자료집에서 익숙하게 만나는 반가운 구호가 되었다.

새벗도서관은 도서관이 절대적으로 부족한 시대에 민간 도서관으로서의 역할을 해 왔고, 시대와 상황이 달라진 만큼 일반화하기 어려운 사례일 수 있다. 하지만 도서관에 대한 시민들의 욕구는 잠재되어 있으며, 그 잠재 욕구를 개발하여 도서관으로 오게 하는 것은 도서관인들의 몫이라는 것을 강조하고 싶다. 도서관 수가 늘어나면서 이용자들이 줄어든다고 걱정하는 도서관이 있고, 청소년이나 청년들이 도서관에 오지 않는다는 우려가 있기 때문이다.

지금 우리나라 공공도서관은 인프라가 크게 확대되고 법과 제도도 개선되는 등 발전의 계기를 맞고 있다. 그럼에도 불구하고 독서 인구는 지속적으로 감소하고, 도서관을 주로 이용하는 계층도 한정되어 있어 애써 만들고 있는 도서관 인프라가 기대만큼 활성화되지 못할까 걱정스럽다.

사회의 여타 분야가 그렇듯이 도서관을 둘러싼 제 여건도 녹록하지만은 않지만, 이럴 때일수록 도서관을 찾지 않는 사람들을 도서관으로 불러들이고, 도서관에서 할 수 있는 일들을 더욱 확장하고 새롭게 개발해 나가야 한다. 어린이들에게 책 읽기의 즐거움을 알려 주고 평생 독자가 될 수 있도록 도서관과 학교, 지역사회가 두루 협력하고 노력해야 한다. 청소년이나 청년들이 자주 가서 머물고 싶은 매력적인 공간이자, 성인들에게 평생학습의 기회를 제공하고 이웃과 지역사회를 만나는 공간이 될 수 있도록 노력해야 하며, 그런 공간이 바로 도서관이라고 굳게 믿는다.

도서관인들이 현장에서 전문가 정신으로 도서관을 운영해 나가며 도서관의 기반을 든든히 다지고 도서관 문화를 활짝 꽃 피워 나가겠다는 자신감과 열정을 가지면 좋겠다. 시대의 아픔을 함께 고민하고 사람들의 고통을 나누며 도서관이 할 일을 적극적으로 찾는 그런 도서관인들을 보고 싶다. 도시의 변화와 발전을 일구는 힘, 도서관의 가능성을 도서관인들이 증명해 나간다면 도서관 발전과 더불어 도서관인들의 미래도 활짝 열릴 것이다.

# 작은도서관의 역할과 미래

## 1990년대의 마을도서관

대구 반월당 삼성생명 빌딩 뒤편에 곡주사라는 오래된 술집이 있었다. 옛날 한옥을 개조하여 막걸리와 전을 주로 팔던 곳인데, 주머니 가벼운 문학 청년들이 단골로 드나들던 술집이었다. 바로 앞 큰길에 YMCA 건물이 있어서 문예반 고등학생들도 자주 드나들었다. 고등학생들이 편하게 갈 곳이 없어서 막걸리집을 드나드는 게 딱해, 뜻이 통하는 선배와 청소년도서관을 열기로 했다.

　대학을 갓 졸업하고 시내 중학교에서 아이들을 가르치고 있던 터라, 모아 둔 돈이 따로 있을 리 없었다. 고민 끝에 살고 있던 자취방 보증금을 털어 도서관 임대 보증금을 치르고, 신간 도서들을 샀다. 중구 봉산동 4층 건물의 꼭대기층 15평 남짓한 공간이었다. 서가는 아이들과 직접 만들었고, 도서관을 만든다는 소문을 듣고 여기저기서 기증한 책들이 더해져 조그마한 도서관은 책들로 가득 찼다. 군대에서 제대하여 막 복학한 과 동기 남학생들이 힘쓰는 일들은 거뜬히 도와주었다. 1989년 7월, 그렇게 문을 연 새벗도서관은 지금도 대구에서 자리를 지키고 있다.

새벗도서관과 출발점이나 동기는 조금 다르지만, 1990년대 후반부터 어린이도서관이 조금씩 생기기 시작했다. 그 시점은 새벗도서관이 중구에서 달서구로 이전하며 마을도서관으로 성격 전환을 해 나간 때와 비슷하다.

도시가 커지면서 대단지 아파트들이 도시 외곽에 들어서기 시작했지만, 수만 세대가 거주할 아파트가 들어서도 도서관이나 문화 공간은 전혀 고려되지 않던 시절이었다. 불과 얼마 전까지 논밭이었던 곳을 깨끗이 밀어 버리고 거대한 아파트 단지가 빼곡하게 들어선 신도시의 풍경은 얼마나 황량하였던가. 대규모 공단 바로 옆에 새로 생긴 신도시, 유흥업소와 모텔들이 아파트 주변 상가까지 잠식해 들어와, 발레와 피아노 학원, 영·수학원과 나란히 한 건물에 입주해 있던 동네였다.

1999년 새벗도서관은 달서구로 옮겨, 유흥업소가 영업하고 있는 건물의 한 층을 빌려 마을도서관을 열었다. 단행본은 아직 드물고, 유아 전집을 중심으로 어린이책들이 쏟아져 나오기 시작하던 무렵이었다. 부족한 어린이책을 더 들여놓고, 어머니를 위한 어린이책 읽기 강좌를 열었다. 소리 내어 책을 읽어 주는 방도 만들었다.

"타지에서 남편 직장 때문에 이사 와서 아이들을 키우며 마음 붙일 곳 없이 지내다가 도서관이 생겨서 얼마나 좋던지요. 아이들과 도서관 나들이하는 게 낙이었어요. 도서관을 이용하다가 이웃 엄마들도 만났고요."

그때 도서관을 이용하기 시작해 아직도 친분을 이어가고 있는 조은정 씨에게 마을도서관은 비로소 동네에 뿌리내릴 수 있게 도와준, 서먹하고 낯선 도시의 비빌 언덕이었다. 아파트 단지 안 커뮤니티 시설도 별로 없던 시절, 아이들을 데리고 와서 책을 읽어 주고 이웃도 만날 수 있는 도서관은 꼭 필요한 곳이었다. 젊은 부부들은 아이들을 데리고 부지런히 도서관에 왔다. 자발적으로 후원회원에 가입하는가 하면, 동지 팥죽을 쑤었다며 가져다주기도 했다. 적은 일손에 일이 많아 힘들긴 했지만, 사람과 사람이 정을 나누고 연결되는 마을도서관의 가치와 보람을 온몸으로 체득하는 시간들이었다.

도서관은 어른들에게는 사는 이야기와 아이 키우는 정보를 나누고 이웃과 교류하는 곳이었고, 아이들에게는 엄마들이 읽어 주는 책에 빠져들거나 친구들을 만나 놀 수 있는 재미난 곳이었다. 당시만 해도 흔하지 않았던 단행본 그림책들과 재미있는 동화책들이 가득한 도서관은 아이들의 영혼에 깊은 인상을 주었으리라. 대구 달서구로 옮긴 후 새벗도서관은 법적으로 사립 공공도서관의 지위를 가지게 되었지만, 사립 도서관보다는 민간 도서관, 혹은 마을도서관이라 부르길 좋아했다.

## 작은도서관의 현실

2000년대 초반 방송사와 시민단체가 추진한 기적의도서관에 시민들이 열렬하게 호응하는 것에 놀란 탓인지, 정치인들이 도서관에 관심을 갖기 시작했다. '작은도서관'도 갑자기 주목받기 시작했다. 작은도서관이 언론과 정치인들에 의해 자주 호명되기 시작했지만, 그에 대한 개념적 정의는 제대로 내려지지 않았다.

도서관에 대한 사회의 관심이 급격하게 높아지던 2000년대 초반에 작은도서관에 대한 개념 정의를 내리고 올바른 정책 방향을 제시해 주는 전문가들이 있었다면 얼마나 좋았을까? 어려운 여건에서도 공공성의 원칙을 지키며 민간 도서관 운동을 펼쳐 온 도서관들을 정책적으로 포용하며 도서관 발전 계획을 제대로 세워 추진해 나갔다면, 혼란을 조금은 더 줄일 수 있었을 것이다. 그것이 정부와 도서관 전문가들이 마땅히 감당해야 할 책임이자 소명이다.

그럼에도 외려 정부는 앞장서서 공립 작은도서관을 만들기 시작했다. 일부 정치인들도 도서관 정책을 제대로 펼쳐 나가기보다는, 우선 눈에 보이는 수치에 급급해 작은도서관 건립에 열을 올렸다. 도서관이라기엔 너무 작은 공간에, 순전히 자원봉사자에 의지해 도서관을 운영하려고 하는 공공의 정책이 참으로 얕고 무책임하다는 생각을 그때 했다.

이때 도서관계 일부에서는 작은도서관의 폭발적 증가와 함께, 정책의 관심이 작은도서관 쪽으로만 지나치게 쏠리는 것을 우려하면서, 작은도서관이 도서관 발전의 걸림돌이라고 말하기도 했다. 어려움을 감내하면서 소명 의식을 가지고 도서관을 건립하여 이끌어 온 민간 도서관 운영자의 입장에서는 서운한 말이었다. 작은도서관 운동을 해 온 사람들은 작은도서관이 본래 성격과는 무관하게 지나치게 진흥되는 것을 우려하여 "지금은 작은도서관을 진흥할 때가 아니라 진정할 때이다"라고 말하

## [표 5] 전국 작은도서관 현황

|  | 2016년 | 2017년 | 2018년 | 2019년 | 2020년 |
|---|---|---|---|---|---|
| 서울 | 926 | 962 | 981 | 1,005 | 954 |
| 부산 | 362 | 378 | 370 | 396 | 406 |
| 대구 | 239 | 207 | 208 | 216 | 205 |
| 인천 | 240 | 247 | 255 | 268 | 276 |
| 광주 | 423 | 401 | 393 | 394 | 399 |
| 대전 | 210 | 216 | 218 | 233 | 237 |
| 울산 | 151 | 145 | 158 | 168 | 173 |
| 세종 | 27 | 42 | 56 | 57 | 55 |
| 경기 | 1,361 | 1,438 | 1,536 | 1,634 | 1,508 |
| 강원 | 182 | 183 | 197 | 207 | 199 |
| 충북 | 208 | 221 | 234 | 253 | 230 |
| 충남 | 278 | 285 | 325 | 366 | 358 |
| 전북 | 264 | 274 | 286 | 318 | 334 |
| 전남 | 248 | 260 | 286 | 299 | 301 |
| 경북 | 240 | 246 | 260 | 265 | 255 |
| 경남 | 415 | 414 | 424 | 438 | 435 |
| 제주 | 140 | 139 | 143 | 155 | 149 |
| 전국 | 5,914 | 6,058 | 6,330 | 6,672 | 6,474 |

* 출처: 문화체육관광부 국가도서관통계시스템 (libsta.go.kr)

기도 했다.

공공도서관의 수가 절대적으로 부족하고, 그나마 있는 공공도서관들도 과거의 관료적인 운영 행태를 벗어나지 못하던 시기에 일부 민간 작은도서관들은 책을 읽고 빌려 가는 도서관으로서는 물론이고, 지역의 문화 공간이자 사랑방으로 긍정적인 역할을 하였다. 관이 만든 작은도서관은 민간 작은도서관의 본질적 성격과는 어긋나는, 그저 규모가 작고 도서관 역할을 제대로 수행하기에 어려울 정도로 직원이 없거나 적은, 보여주기식 도서관에 불과한 경우가 많았다. 2016년 '작은도서관 진흥법'이 제정되면서, 작은도서관과 관련한 논란은 어느 정도 정리가 되었다.

2020년 기준 도서관 통계에 따르면, 등록된 작은도서관은 6,474개소이다. 공립은 1,504개소, 사립은 4,970개소이며, 서울의 작은도서관은 954개소이다. 공공도서관은 전체 1,172개소인데, 이 중 교육청 235개소, 지자체 914개소, 사립 23개소인 것에 비해 5.5배나 많은 숫자이다.

작은도서관은 뜻있는 개인이나 시민단체에서 운영하는 경우도 있지만, 아파트 단지 안에 만들어지거나 종교기관에서 운영하는 경우가 더 많다. 영어나 논술학원에서 서가를 비치해 작은도서관으로 등록하는 경우도 꽤 있다. 아파트 작은도서관은 잘 운영되는 곳도 있지만, 입주자대표회의의 특성에 따라 외부 주민들의 이용을 제한하기도 하고, 순수한 자원봉사자 중심의 도서관을 특정한 소수의 활동으로 배척하면서 도서관 운영을 방해하기도 하는 등 다양한 특성을 보인다. 종교기관에서 운영하는 작은도서관은 개관 시간이 짧고 자원봉사자 중심으로 운영하면서 시민들의 이용이 활발하지 않은 경우가 많다.

공립 작은도서관들은 주민자치센터 안에 설치된 경우가 대부분인데, 작은도서관을 권장하던 시절에 많이 만들어졌으나 지금은 주민들을 위한 자치 공간 등으로 전환되는 추세이다.


## 작은도서관에 필요한 정책

작은도서관을 실제로 방문해 보면 이름만 도서관이지, 제 역할을 하지 못하는 곳이 많다. 이런 작은도서관들에 대해 자치단체에서 전수조사를 실시하여 정책을 수립하고 있는 것으로 알고 있다.

일부 사립 작은도서관 운영자들은 장서와 프로그램에 대한 지원은 더 이상 원하지 않는다고 말하기도 한다. 몇 년 운영하면 장서는 어느 정도 채워지고, 프로그램을 운영하기 위해서도 홍보를 하고 행사를 진행하는 등 사람의 손길이 필요하기 때문이다. 그래서 정말 필요한 것은 공간 임대료와 사서 지원이라고 말한다. 이 경우 세밀한 조사를 통해 지역사회에서 그 도서관이 얼마나 공공성을 담보해 왔는지, 실제 지원이 필요할 만큼 지역 주민들이 이용하고 있는지, 공공기관의 유휴 공간이 있는지 살펴볼 필요가 있다. 세심한 정책이 필요할 때이다.

2020년부터 문체부는 작은도서관 순회사서제도를 확대해 실시하고 있다. 공문을 통해 희망하는 자치단체가 얼마나 있는지 수요 조사를 한 다음 일정한 숫자를 배정해 주는 형태이다. 작은도서관에 대한 인력 지원이라는 측면에서는 전향적이지만, 정부의 순회사서 지원정책이 앞으로 얼마나 지속될지, 규모는 어느 정도일지 예측하기는 어렵다. 시범적으로 실시한 후 정책 효과가 검증되면 지방자치단체에서 자체 예산을 마련하여 인력을 지원하는 방안이 적극적으로 검토될 수도 있을 것이다.

전국적으로 공공도서관 수가 늘고, 도서관의 서비스도 점점 다양해짐에 따라 사람들의 발길은 이제 자연스럽게 공공도서관 쪽으로 향해 간다. 정부와 지방자치단체도 지역대표도서관과 공공도서관을 중심으로 하여 도서관 정책의 기본을 세워 나가고 있다. 우리 사회에서 민간 작은도서관이 보여 주었던 책 읽기와 공동체에 대한 관심과 열정이 지자체가 설립한 공공도서관에서도 구현되기를 기대한다.

아울러 지역사회에서 공공성을 담보하며 오랜 기간 운영해 온 민간·작은도서관들에 대해서는 공공으로 포용하는 정책도 적극 고려되었으면 한다. 시민들의 기금을 모아 건립하고 시민들이 뜻과 마음을 모아 운영해 온 공공의 자산이 덧없이 스러지는 것은 결국 사회적 자본의 손실이 아닐까? 우리 사회에 내재한 역동성과 가능성을 보여 준 작은도서관들의 노력과 꿈이 헛되이 스러지지 않기를 바란다.

# 작은도서관을 품고
# 더 커지는 공공도서관


## 구룡포읍민도서관의 반가운 소식


구룡포에 가 본 적이 있는가. 대구 사람들은 바다가 보고 싶으면 구룡포에 간다. 구룡포는 대게와 과메기로 유명하다. 오징어도 많이 잡혀서, 구룡포항에는 낮에는 알전등을 매단 오징어잡이 배들이 정박해 있고, 밤이면 그 배들이 대낮같이 불을 켜고 바다에 떠 있다. 굽이굽이 아름다운 해변을 낀 구룡포는 일제강점기 일본인들이 수산자원을 약탈해 가던 노다지 항구이기도 했다. 일제시대에는 읍내 가운데에 일본인들이 모여 사는 구역도 있었다. 언젠가 구룡포에 갔다가, 일본식 가옥들을 일부 보수하여 관광객들에게 개방하고 기모노를 대여하고 있는 것을 보았다. '근대 문화 역사 거리'라고 그럴듯하게 이름을 붙여 놓았지만, 일제에 수산자원을 속수무책으로 약탈당했던 구룡포의 아픈 역사를 알려 주는 안내문은 어디에도 보이지 않았다. 그래서일까, 일본인들이 구룡포를 그렇게 좋아하고 많이 찾는다 한다.

이런 역사의식 없는 행정과 별개로, 구룡포 사람들의 잠재력을 보여 주는 구룡포의 진짜 명소를 우연히 알게 되었다. 바로 구룡포 읍내 한가운데 자리한 구룡포읍민도서관이다. 마당이 있는 2층짜리 작은 건물인데, 구룡포항 바로 옆이라 위치가 좋다. 그런 곳에 도서관이 있다는 것도 반가웠지만, 관에서 운영하는 공공도서관은 아닌 것 같아 유심히 살펴보았다.

당시 나는 정부·지자체와 무관하게 민간 도서관을 십 년 넘게 운영하고 있었다. 특정 기업이나 재단에서 지원 받는 것도 아닌지라, 민간 도서관을 계속 운영하는 일이 쉽지 않았다. 그 무렵 대구시 도서관 담당 공무원의 권유로 새벗도서관을 사립 공공도서관으로 등록하게 되었다. 1999년이었다. 하지만 어렵사리 자격 기준을 맞추어 사립 공공도서관으로 등록했어도, 뚜렷한 지원 체계가 있는 것도 아니었다. 이참에 전국에 사립 공공도서관 현황과 실태를 조사해 보기로 했다. 한국도서관협회 이용훈 사무총장(당시는 기획부장)의 권유로, 조사 결과

를 2002년 대구에서 열리는 전국도서관대회에서 발표하기로
했다.

발표 자료에 구룡포읍민도서관을 넣고 싶어서 수소문한 끝
에 도서관 운영위원장과 연락이 닿아 설립 배경과 운영 상황
을 들을 수 있었다. 구룡포 읍민들이 직접 도서관을 지어 스스
로 운영하고 있다는 이야기를 그때 처음 들었다. 포항시로부
터 어떠한 지원도 없이, 전문 사서의 도움도 없이, 오로지 주민
들의 힘으로 도서관을 설립하여 운영하고 있었던 것이다. 도서
관을 처음 구상한 뒤 뜻있는 지역민들이 힘을 모아 건물을 직
접 짓고 도서관을 정식으로 개관한 것은 1994년이었다. 그후
도서관은 마을 사람들이 운영위원회를 구성하여 직접 운영해
왔다. 구룡포읍민도서관 운영위원이 되는 것은 구룡포에서 무
척 명예로운 일이지만, 누구나 참여할 수 있는 것은 아니었다.
동네에서 평판이 좋지 않은 사람들은 회비를 내도 받아 주지
않았다. 바닷가 마을에서 나고 자란 구룡포 주민들은 포항 시
내에 직장을 갖고 있거나 배를 가진 선주이거나 혹은 읍내에서
가게를 하거나 간에 모두 한마을 주민이라는 동향 의식을 갖고
있었다. 도서관에 다니던 아이들이 자라서 또 운영위원이 되는
세대교체도 자연스럽게 이루어졌다. 1층은 자료실, 2층은 강당
으로 이루어진 작은 건물이었지만, 주민들의 힘으로 만든 도서

관이었기에 자부심과 애착이 컸다.

2006년 책읽는사회문화재단이 작은도서관 지원 사업을 펼칠 때 안찬수 사무처장에게 이런 도서관이 있다고 알려 주었더니, 고맙게도 바로 후원 기업을 연결하여 공간 리모델링을 지원해 주었다. 덕분에 도서관은 새롭게 단장하여 활성화되는 계기가 되었다.

2015년 무렵 구룡포읍민도서관 운영위원 이동희 씨의 전화를 받았다. 그는 구룡포 토박이로 포항 시내에 있는 직장에 다니는 비교적 젊은 축에 속하는 운영위원이었다. 동희 씨는 모처럼 운영위원 워크숍을 여니, 대구 새벗도서관 이야기를 해 달라고 부탁했다. 새로 지어진 구룡포청소년수련관 강당이 강연장이었다.

강연장에는 20대에서 60대에 이르는 마을 주민 30여 명이 진지한 표정으로 앉아 있었다. 역시 마을 사람으로, 사서 자격증은 없었지만 오랫동안 도서관에서 일해 온 사서 두 명이 밝고 활기찬 표정으로 행사장을 오가고 있었다. 보수는 많지 않지만 도서관에서 일하며 방송통신대학을 다니는 등 사서들도 도서관을 통해 성장했다고 자랑했다. 그날 참가한 구룡포 사람들의 표정에서 읍민도서관에 대한 사랑과 자부심을 느낄 수 있었다. 강의가 끝난 뒤 그들은 아마도 밤늦도록 술잔을 기울이며 읍민도서관 발전에 대해 토론하였을 것이다. 그날 나는 마른 오징어 한 축을 선물로 받았고, 새벗도서관 자원활동가들에게 골고루 나누어 주었다.

오랜만에 이동희 씨에게 전화해 읍민도서관의 근황을 물었다. 몇 년의 시간이 흘렀는데도 조금도 변하지 않은 목소리로 전화를 받은 동희 씨는 읍민도서관의 반가운 소식을 전해 주었다. 해양수산부와 모종의 프로젝트를 협의 중이며, 몇 년 뒤면 읍민도서관이 멋진 모습으로 재탄생할 것 같다고 한다. 여전히 포항시는 관심이 없어 지속가능한 운영 구조를 만드는 것이 고민이라는 말도 덧붙였다.


## 작은도서관, 공동체로 향한 마중물

서울시 서초구에는 주민센터마다 작은도서관이 있다. 서초1동 작은도서관 같은 공립 작은도서관은 14개이고, 아파트 공동시설로 되어 있는 LH서초 3단지 행복도서관 같은 사립 작은도서관은 27개이다(2020년 기준). 이 도서관들은 모두 자원봉사로 운영되고 있다. 자원봉사자들은 도서관에서 구입한 책들을 정리하고 주민들에게 빌려주며 동아리 활동도 한다. 자율적으로 도서관을 운영하며 기쁨과 보람을 느낀다. 아파트 안 작은 도서관도 아파트 주민 커뮤니티 공간으로서 역할을 톡톡히 해 낸다. 사람들이 모여 관계가 만들어지고 더불어 살아가도록 돕는 것이 마을공동체 활동이라면, 서초구는 작은도서관을 중심으로 모인 공동체가 마을 곳곳에 있다고 볼 수 있다. 도서관에 대한 관심과 노력은 공동체에 대한 애착이며, 이런 애착이야말로 공동체의 소중한 자산이다. 아파트에 있는 여러 편의시설 중에서도 작은도서관은 아이를 키우는 주부들과 어린이, 노인들이 책을 매개로 자연스럽게 만나 어울리는 공간이라 더 의미가 있다.

경북 칠곡에 해봄도서관이라는 이름의 작은도서관을 운영하는 분이 있다. 예순을 훌쩍 넘긴 그는 어느 해 큰 병이 들었다고 한다. 그때 문득 '아, 이러다 인생이 끝나고 말겠구나' 하는 생각이 들었고, 이후 자기 집 마당 한편에 컨테이너 도서관을 만들었다. 공장과 상가, 주택이 어지럽게 뒤섞여 있는 대도시 근교 삭막한 동네에서 그는 아이들을 모아 책과 함께 여러 해째 놀고 있다. 3.1운동 100주년을 맞아 아이들과 3.1운동에 대한 책을 읽고 만세놀이를 하고, 봄에는 아이들과 봄에 대한 책을 읽고 진달래화전을 부쳐 먹는다.

전국에 있는 작은도서관의 수가 6천 개가 넘는다고 한다. 그

도서관들이 직원 없이 자원봉사자로 운영되는 경우가 대부분이고, 도서관마다 동아리가 몇 개씩은 있다고 보면, 작은도서관을 중심으로 모이는 사람들이 적지 않다. 작은도서관이 갖고있는 동네 사랑방 역할은, 지금 우리 사회의 심각한 문제인 개인의 고립과 소외, 사람들 사이의 불신과 갈등을 해결하는 좋은 열쇠가 될 수 있다. 동네에 시설 좋은 커뮤니티 센터를 만들어 놓았지만 사람들이 찾아오지 않아 문을 닫는 경우도 있는데, 작은도서관에는 누구나 쉽게 와서 책을 읽고 이웃과 만날수 있다.

## 공공도서관을 풍성하게 만들 작은도서관

현재 우리나라에는 '도서관법'과 별개로 '작은도서관 진흥법'이 있다. 똑같이 공중의 이익을 위해 일하는 도서관인데, 공공도서관과 작은도서관을 별도의 법으로 관리할 이유가 없다. 자치구가 설립하여 운영하는 공립 작은도서관은 공공도서관의분관으로 관리하면 되고, 민간이 설립하여 운영하는 사립 작은도서관은 지역 공공도서관에서 필요한 부분을 지원하되 자율적으로 운영하도록 하면 된다. 다만 운영에 있어서는 작은도서관들이 공공도서관의 틀에 너무 갇히지 않았으면 한다. 소장 책의 권수나 분류, 목록, 대출 횟수 같은 정량적 지표에 구애받지 말고 더 자유롭고 편안하게 운영하고 이용할 수 있도록 하면 좋겠다. 틀에 갇히면 상상력이 위축되고 죽어 버린다. 작은도서관의 생명력이 사그라들지 않고 자유롭게 춤출 수 있도록 해야 한다.

작은도서관은 도서관을 운영할 전문 사서 지원을 가장 원한다. 2020년 정부와 서울시는 예산을 크게 늘려 순회 사서들이 작은도서관을 돌며 도서 정리 등 필요한 지원을 하도록 했다. 이러한 지원은 앞으로도 계속되면 좋겠다. 사서가 되고 싶어 하는 사람들을 작은도서관에서 일할 수 있도록 지원하면, 질 좋은 공공 일자리가 늘어나고 작은도서관이 더 활성화될 것이다. 마을에 작은 공동체도 더 많이 생기게 될 것이다. 마을공동체를 활성화하기 위해 많은 예산을 지원하지만, 중복 참여와 형식적인 활동으로 끝나 버리는 것을 여러 곳에서 보았다. 작은도서관에 사서를 지원하면 아마 훨씬 더 큰 효과를 거둘 수 있을 것이다.

도서관계에는 작은도서관이 공공도서관 발전을 가로막는 장애물이라도 되는 것처럼 터부시하는 경향이 일부 있다. 공공도서관 체계를 바로 세워 기본부터 제대로 해 나가기보다는 손

쉽게 작은도서관 개수를 늘려 임무를 다한 것처럼 여기는 정치인들 탓도 있다. 가뜩이나 인력과 자원이 부족한데 작은도서관에 관심과 지원이 집중되면 공공도서관이 더 어려워지지 않을까 하는 걱정도 알고는 있다. 하지만 다른 한편, 작은도서관이 갖고 있는 역동적 에너지가 공공도서관에 부족한 것이 아닌가, 변화를 두려워하고 경계하는 소극적 태도가 공공도서관의 발전을 가로막는 것이 아닌가 생각될 때가 있다. 순수한 마음으로 헌신하며 작은도서관 운동을 하는 사람들의 열정과 에너지를 폄훼하는 것은 또 다른 주류의 오만과 편견일 수 있다.

작은도서관을 만들고 운영해 온 사람들의 열정과 힘이 공공도서관에 더해진다면, 우리 도서관은 더 커지고 풍성해질 것이라 믿는다. 도서관이 꼭 필요한 곳에 작은도서관을 만들어 묵묵히 운영하는 사람들의 열정이야말로 우리 사회를 이끌어 가는 중요한 원동력이다. 작은도서관을 품고 더 커지는 공공도서관, 거기에 우리의 미래가 있다.

# 마을의 풍경과 삶에 녹아드는 도서관 건축

## 도서관은 어떤 공간이어야 할까

구산동도서관마을이 널리 알려진 이유는 여러 가지가 있지만, 그중 가장 먼저인 것은 건축이다. 여러 채의 집을 연결하여 만든 구산동도서관마을은 공간을 탐색하는 것만으로도 재미를 준다.

처음 도서관에 들어서면 정면 데스크에 있는 사서들이 따뜻하게 맞아 준다. 안쪽으로 들어서면 5층까지 트인 높은 천장에 수많은 창들이 있는 벽과, 옛날 건물의 흔적이 고스란히 남아 있는 발코니들이 보인다. 온통 하얀 벽에는 '三讀'(책은 세 번 읽어야 한다)이라고 쓴 신영복 선생의 필체가 보이고, 또 한쪽 벽

에는 도서관인들의 영원한 스승 랑가나단의 '도서관학 5법칙'
이 쓰여 있다.

한편에는 빨간 공중전화 부스가 보이고, 또 그 옆에는 작은
차양이 있는 공간이 보이는데 독립출판물을 따로 모아 놓은 코
너이다. 공간을 천천히 돌아보면, 다가구주택의 옥상이었던 듯
싶은 야외 공간도 여러 개 있고, 공간마다 꽃이며 채소들이 정
성스럽게 심겨 있다.

새롭되 낯설지 않고, 익숙한 느낌이면서 놀라움을 주는 곳.
그곳이 바로 구산동도서관마을이다. 도서관 설립에 얽힌 이야
기며 남다른 운영 방식에 대해 듣고 나면 도서관은 더 특별하
게 보인다. 건축에서부터 이런 놀라움과 새로움을 주는 도서
관, 멋지지 않은가?

내가 어렸을 때 버스를 타고 한참 가야 했던 시립도서관은
낡은 붉은색 벽돌 건물이었다. 건물 안은 어둡고 먼지 냄새가
났으며, 서랍을 뒤져 빌리고 싶은 책의 청구기호를 적어 시외
버스정류장 개찰구 같은 구멍으로 밀어 넣어야 했다. 사서의
얼굴은 보이지 않았고, 빌린 책 두어 권 이외에는 다른 책들을
구경할 수 없었다. 군사독재의 서슬 퍼런 군홧발이 거둬지지
않았던 시절이라 도서관에서 자유로움과 편안함을 기대하는
건 어려운 일이었을지 모른다.

몇 년 전 근무했던 구립도서관도 크게 다르지는 않았다. 그 무렵 유행했던 건축양식이었는지 건물의 삼면이 유리로 되어 있고, 내부 벽도 유리가 많아 차갑고 날카로운 느낌을 주었다. 실내는 전체가 흰 대리석 벽과 바닥으로 되어 있어 차분하게 책을 읽는 분위기와는 거리가 멀었다. 여름에는 유난히 덥고, 겨울에는 추워서 냉난방비도 많이 들었던 그 도서관은 무엇보다 공간을 이용하는 시민들에게 위압감과 불편함을 주기 쉬웠다.

그 무렵부터였을까. 도서관이 자유롭고 편안하며 상상력을 불러일으키는 창의적 공간이 될 수는 없을까 하는 의문을 품게 되었다. 의문은, 도서관에 들어섰을 때 놀라움과 충격을 느끼게 하고 도서관이 자주 오고 싶은 매력을 주는 공간이 되면 좋겠다는 바람과 자연스럽게 연결되었다.


## 도서관의 정신을 구현하는 건축

책이 주는 미지의 세계로의 여행, 시간과 공간을 초월한 사람들과의 만남이라는, 일상적이지 않은 사건들을 예고해 주는 공간의 충격을 도서관이 줄 수는 없을까? 공공 예산으로 지어지는 공공도서관은 마땅히 건축에서부터 도서관의 정신을 구현하는 것이 마땅하지 않을까? 도서관이 담고 있는 내용물이 혁신적일진대, 그것을 담는 그릇도 마땅히 혁신적이어야 하지 않을까? 누구나 이용할 수 있는 도서관이기에, 그곳은 마땅히 가장 멋지고 세련된 공간이어야 하고, 사람들에게 영감을 주는 건축이어야 한다.

2003년 책읽는사회문화재단(이하 책사회)이 MBC 〈느낌표〉와 진행한 기적의도서관 프로젝트 때 도서관을 직접 운영해 온 민간 전문가 자격으로 준비 과정에 참가했다. 당시 건축을 담당한 정기용, 조건영 두 분 건축가를 뵙고, 그분들이 도서관을 설계하는 과정을 먼발치에서 지켜보며 건축이라는 것에 대해 처음으로 눈이 뜨이는 경험을 했다.

정기용 선생은 도서관은 자유롭게 드나들 수 있는 장소이고, 제도적 공간이 아니라 아이들이 즐겁게 찾아오는 공간이어야 하기 때문에, 책으로 지식만 습득하는 곳이 아니라 상상력의 날개를 펴고 여행을 떠날 수 있는 환경이 조성되어야 한다고 했다. 꿈꾸는 공간, 가고 싶은 공간, 머무르고 싶은 공간, 매일매일 새롭게 발견되는 공간, 한눈에 쉽게 다 포착되지 않는 공간, 그런 공간을 아이들은 학교에서 체험하기 어렵다. 초등학교 건축이 일제시대의 잔재를 청산하기 힘든 상황에서, 어린이 도서관이 밀린 숙제를 하듯 아이들에게 자유로운 공간을 맛보게 했으면 좋겠다고 했다.

기적의도서관은 책 읽기에 대해, 사회가 아이들의 책 읽기에 관심을 가지는 일에 대해, 도서관이 책 읽기와 문화적 활동의 공간이 될 수 있다는 것에 대해 놀라운 사회적 환기를 가져왔으며, 아이들과 어른들 모두에게 울림을 주었다. 그러한 울림의 가장 근본적인 계기는 기적의도서관이 보여준 도서관 건축이었다고 생각한다.

기적의도서관은 그곳을 이용하는 많은 이들을 행복하게 해주었을 것이고, 도서관에 대한 긍정적이고 친근한 이미지를 형성하는 데 큰 역할을 했을 것이 분명하다. 특히 어린이도서관의 건축과 공간 구조에서 커다란 혁신을 가져왔다.

요즘 새롭게 건립되는 공공도서관이 크게 늘면서, 얼마나 많은 예산을 들여서 멋진 건물을 지었는지, 새롭고 화려한 공간들이 얼마나 많은지 자랑하는 도서관들이 많아졌다. 규모가 크고 시설이 좋은 도서관들이 곳곳에 건립되는 것은 반가운 일이다. 그 공간을 계획하고 건축하는 전 과정에 건축가와 공무원, 도서관 전문가가 참가해서 고심 끝에 지었을 것이 분명하다. 하지만 공공의 건축이 진정으로 사랑받는 공간으로 거듭나기 위해 잊지 말아야 할 원칙이 있다면, 그건 바로 마을의 풍경에 어울리고 마을 사람들의 삶에 녹아드는 건축이어야 한다는 것이다.

사람들이 도서관에서 경험하는 것은 단순히 책만이 아닐 것이다. 일찍이 가 보지 못한 멋진 공간에서 책을 읽고 공연을 보고 음악을 듣는다는 건 시민들이 다른 공공 건축물에서 경험하기 어려운 공공적인 경험이자, 사회가 줄 수 있는 복지일 것이다. 최근 어떤 언론사에서 '공간복지'라는 개념을 만들어 공공 건축물로 복지를 실현한 우수 지방자치단체에게 상을 주었는데, 그 첫 번째 수상자가 구산동도서관마을을 지은 은평구청이 된 것은 이런 연유에서일 것이다.

특히 시골이나 도시 변두리에서 변변한 문화생활을 누리기 어려운 대부분의 어린이나 주민들이 도서관에서 겪는 문화적 경험들은 격차를 극복하고 문화 평등을 이룰 수 있는 중요한 계기이다. 정보와 문화의 평등을 도서관만큼 효율적으로 실현해 나갈 수 있는 기관이 어디 있겠는가.

**수많은 무명의 건축가들이 지은 도서관**

정기용 선생은 건축은 필요에 의해서 생산된다며, 누가 그 필요성을 제안하는가에 따라 결과가 달라진다고 말했다. 사적인 건축주들은 개별적으로 그들이 원하는 건축을 건축가에게 주문한다. 세상이 진정으로 필요로 하는 것에 대해서는 그것을 제안하는 '공공의 건축주'가 있어야 하며, 공공의 건축주가 누구인가에 따라 건축의 내용이 달라진다는 것이다. 그러면서 기적의도서관이 아이들과 부모들에게 놀라움과 기쁨을 선사하며, 탐색하고 싶고 머물고 싶은 성공적인 건축물이 될 수 있었던 요인을, 책사회라는 모범적인 '공공의 건축주' 덕분으로 돌린다. 물론 책사회는 홀로 생각하고 판단한 것이 아니라, 최상의 건축가와 함께 여러 전문가와 시민들의 의견을 듣고 반영하려는 진정 어린 노력을 했다.

구산동도서관마을은 기적의도서관 이후 건축 면에서 주목받은 최초의 도서관이다. 구산동도서관마을이 성공적인 건축물이 될 수 있었던 가장 큰 요인이 무엇인지 건축가 최재원에게 질문하였을 때 그도 유사한 대답을 했다. 도서관을 만들기 위해 노력한 마을 사람들의 의견을 건축에 반영할 수 있었던 것이 가장 도움이 되었다고.

그들 중에는 동네 작은도서관에서 오랫동안 봉사 활동을 하면서, 도서관 공간을 구석구석 체험해 본 이도 있고, 아이들과 함께 공공도서관을 이용하며 불편함을 느끼고 이런 공간이 있으면 좋겠다고 생각한 사람들도 있었다. 도서관에서 공연 예술을 진행하면서 일상적인 문화 예술 공간으로서 도서관의 가능성을 경험해 본 사람도 있었다.

구산동도서관마을을 가리켜 수많은 무명의 건축가들이 지은 건물이라고 하는 말은 공공 건축이 실로 어떤 과정을 거쳐 어떻게 지어져야 하는가를 잘 보여주는 것이라고 할 수 있다. 이에 대해 정기용은 건축가 개인의 판타지와 상상력에 의존하는 것이 아니라, 관련된 모든 사람이 협력하여 사회적 상상력을 도출하는 건축, 그것이 거버넌스 건축 생산 방식이고, 그래야만 경제 사회로부터 우리가 가야만 하는 문화 사회로의 이행이 촉진될 것이라고 했다.

건축가 신승수는 도서관 건축에 있어서 개별적인 도서관의 웅장함이나 수려한 미관에 앞서, 도시의 공간 구조와 어떻게 연계할지, 다양하고 복합적인 사용을 가능하게 하면서 어떻게 공공성을 구현할 것인지에 대해 질문을 던져야 한다고 말한다. 이러한 질문이 선행하지 않는다면 '나 홀로 아파트'와 같이 우리 일상에서 동떨어진 도서관의 문제점을 바로잡을 수 없고, 닫힌 공간에서 주입식 공부를 하는 현재의 폐쇄적이고 낙후된 공간의 질을 개선할 수 없다는 것이다.

구산동도서관마을을 방문한 분들이 "이 도서관을 내가 사는 동네에 옮겨 놓고 싶다", "도서관 근처로 이사 오고 싶다"고 하는 말은 단순히 내가 사는 동네에도 물리적 실체로서 도서관이 생겼으면 좋겠다는 말만은 아닐 것이다. 동네에 어울리고 사람들의 삶이 녹아 있는 마을도서관을 갖고 싶다는 것이다. 전국 곳곳에 그런 도서관들이 늘어난다면 우리도 진정한 문화 도시, 문화 국가로 나아갈 수 있지 않을까.

# 기적의도서관이 가져온
# 진짜 기적

## 어린이도서관에 대한 사회적 환기

2003년 새해 벽두, '쌀집 아저씨'로 유명했던 MBC 김영희 PD 가 기획한 기적의도서관 프로젝트는 온 나라를 도서관에 대한 열기로 들썩이게 했다. 지금보다 훨씬 젊고 수줍었던 유재석 씨와 김용만 씨가 나란히 진행하였던 〈느낌표〉라는 프로그램 에서 전국에 어린이도서관을 지어 주겠다고 선언한 것이다.

어린이를 위한 도서관! 어린이들이 마음껏 뒹굴며 책을 읽 고 꿈꿀 수 있는 공간. 대도시에 살지 않더라도, 부모가 책을 사 줄 형편이 못 되어도 아이들이 언제든 뛰어 들어와 환대 받고 머물 수 있는 곳. 이제 우리도 아이들에게 그런 도서관 하나쯤은 줄 수 있어야 한다는 '책읽는사회만들기국민운동' 대표 도정일 교수의 간곡한 목소리는 깊은 여운을 남겼다.

〈느낌표〉가 어린이도서관을 지어 주겠다고 밝힌 후 MBC 방송국 게시판은 뜨겁게 달아올랐다. "우리 동네에 도서관을 꼭 지어 주세요"라는 간절한 요청의 글들. 언제 우리나라 어린이들이 이토록 열심히 책을 읽었던가. 책을 읽을 수 있는 도서관을 갖게 해 달라는 간절한 바람을 언제부터 마음속에 품어 온 것인가.

〈느낌표〉는 '책책책, 책을 읽읍시다!' 코너에서 매달 한 권의 책을 선정하고 그 책을 판매한 수익금으로 전국에 어린이도서관을 지어 줄 것이라고 천명하였다. 공지영의 『봉순이 언니』, 위기철의 『아홉 살 인생』, 황대권의 『야생초 편지』 같은 책들이 선정되었고, 그 책들은 '느낌표 선정 도서'라는 딱지를 붙인 채 바로 재판을 찍어 내었고 베스트셀러가 되었다.

도서관은 그저 지어 주기만 해서는 안 되고, 지어진 뒤 도서관을 운영해 나갈 지자체의 의지가 밑받침이 되어야 한다는 원칙에 따라, 지자체는 도서관을 지을 땅과 도서관 건립 이후 운영비를 부담하고 방송국은 도서관을 지어 주기로 약속하였다. 하지만 도서관을 지어 달라는 곳이 너무 많아 방송국과 시민단체는 지자체에 도서관 건립 비용 일부를 부담할 것을 추가로 요청하였다.

　기적의도서관에 선정된 지역의 시민들과 어린이들은 환호하였고, 자신이 살고 있는 지역에 멋진 어린이도서관이 들어선다는 기대에 부풀었다.

　매주 일요일 밤 방영된 〈느낌표〉에서는 기적의도서관에 대한 각계각층의 기대와 찬사, 실무를 담당한 책사회와 건축을 담당할 건축가들이 어떤 도서관을 짓겠다고 하는 꿈에 가득한 이야기들이 방송되었다. 그리고 도서관을 짓기로 한 지역을 방문하여 프로그램을 진행하면서, 어떤 도서관이 들어섰으면 좋겠다고 하는 지역 시민과 어린이들의 목소리가 방송되었다. 도서관을 지을 수 있도록 건축 부지와 운영비를 내놓기로 한 단체장들의 인터뷰도 방송되었다.

　당시 건립된 기적의도서관들은 요즘 지어지는 공공도서관 규모에 견주면 그렇게 큰 편이 아니었다. 그럼에도 시민들과 전국 지자체에서 그렇게 열렬히 호응한 이유가 무엇이었을까?

　선거로 선출되는 단체장 입장에서는 유명 연예인이 진행하는 전국 방송의 인기 프로그램에 출연할 기회를 갖게 된다는 점이 가장 큰 매력이었을 것이다. 게다가 자신의 지역에 어린이들을 위해 유명 건축가가 설계하는 도서관을 짓는다는 명분과 실리를 두루 챙길 수 있었으니 얼마나 좋았을까?

하지만 다시 생각해 보면 기적의도서관을 통해 시민들뿐 아니라 정치인들 역시 도서관과 아이들의 책 읽기에 대해 새롭게 각성하게 된 것이 아니었을까 싶다. 지금까지 경제 발전을 통해 물질적으로 잘살기에만 열중하느라 우리가 잊고 있었던 것, 아이들에게 책을 읽히고 꿈을 꾸게 하는 것이 얼마나 중요한 것인가에 대한 새로운 환기, 이제야말로 우리 아이들에게 그것을 안겨 주어야 하겠다는 다짐들, 이런 것들이야말로 기적의도서관이 우리 사회에 안겨 준 커다란 선물이었다. 그리고 도서관에 대한 그 특별한 환호와 열광을 사회적으로 정리하고 분석하여, 아이들 책 읽기와 도서관을 포함한 '책 읽는 환경' 마련을 위해 준비하고 계획할 필요가 있었다.

**기적의도서관 프로젝트가 남긴 것들**

온 국민이 도서관에 대해 간절하게 열망하고 고대하였던 유일무이한 사건이 기적의도서관 프로젝트였다. 그것은 도서관사에서만 아니라 사회학적으로도 연구할 만한 사건이었다고 생각한다. 하지만 기적의도서관 프로젝트가 종료된 지 20년이 가까워 오는 지금, 기적의도서관이 우리 도서관과 사회에 미친

**[표 6] 기적의도서관**

|   | 도서관명 | 개관 | 주소 |
|---|---|---|---|
| 1 | 순천기적의도서관 | 2003. 11. 10 | 전남 순천시 |
| 2 | 제천기적의도서관 | 2003. 12. 15 | 충북 제천시 |
| 3 | 진해기적의도서관 | 2003. 12. 22 | 경남 진해시 |
| 4 | 서귀포기적의도서관 | 2004. 5. 0 | 서귀포시 |
| 5 | 제주기적의도서관 | 2004. 5. 5 | 제주시 |
| 6 | 청주기적의도서관 | 2004. 7. 15 | 충북 청주시 |
| 7 | 울산북구기적의도서관 | 2004. 7. 28 | 울산광역시 북구 |
| 8 | 금산기적의도서관 | 2005. 5. 5 | 충남 금산군 |
| 9 | 부평기적의도서관 | 2006. 3. 10 | 인천광역시 부평구 |
| 10 | 정읍기적의도서관 | 2008. 5. 23 | 전북 정읍시 |
| 11 | 김해기적의도서관 | 2011. 11. 30 | 경남 김해시 |
| 12 | 도봉기적의도서관 | 2015. 7. 30 | 서울특별시 도봉구 |
| 13 | 부산강서기적의도서관 | 2018. 10. 23 | 부산광역시 강서구 |
| 14 | 구로기적의도서관 | 2019. 8. 27 | 서울특별시 구로구 |
| 15 | 공주기적의도서관 | 2020. 5. 7 | 충남 공주시 |

∗ 2021년 현재 경기도 여주, 강원도 인제, 강원도 삼척에서 기적의도서관이 건립 중이다.

∗ 출처: 책읽는사회문화재단 (bookreader.or.kr)

영향에 대해 제대로 연구한 결과물을 거의 보지 못했다. 건축가 정기용 선생의 『기적의도서관』단 한 권만이 있을 뿐이다. 정기용 선생의 책은 기적의도서관에 대한 여러 흥미로운 이야기들을 담고 있지만 어디까지나 건축에 초점을 맞춘 책이다.

왜 이토록 중요한 사건이 도서관학계에서 제대로 연구되지 않았을까? 전국의 그 많은 도서관학과 교수들은 한 방송국 PD와 시민단체가 이룬 이 놀라운 성과에 대해 왜 진지하게 접근하여 연구하려고 하지 않는 것인가? 시민들의 많은 관심을 끌었고 지자체장들이 열광하였던 대사건을 분석하고 연구하고 기록하겠다고 생각하지 않은 이유가 무엇일까? 도서관학계의 연구로는, 기적의도서관 운영 프로그램에 대한 석사과정 학위논문 정도가 몇 편 생산되었을 뿐이다.

기적의도서관 프로젝트 첫 방송 이후, 책사회 측과 건축가, 선정 지역 추진위원장을 맡은 이들, 민간 도서관 운영자들이 모여 여러 차례 워크숍을 진행하였다. 어떤 도서관을 지어야 하는가 하는 성격 규정부터, 어떤 책을 들여놓을 것이며 어떤 프로그램을 진행할 것인지에 이르기까지, 서울 종로 YMCA 호텔에서 하루 종일 길고도 긴 토론을 벌였다. 그 자리에는 도종환 시인과 이철수 판화가, 이이효재 여성학자 같은 분들도 있었지만, 나처럼 지역에서 오랫동안 민간 도서관을 설립하여 운영하며 아이들을 만나 온 도서관 운동가도 있었다.

제도권 도서관 바깥의 노력에 더 많이 기대어 기적의도서관 프로젝트는 진행되었고, 도서관들이 지어졌다. 순천, 제천, 진해, 청주, 제주, 서귀포, 울산, 금산. 처음 선정되었던 열 개 지역 중 대구, 고양 두 곳을 제외하고 여덟 개 지역에 기적의도서관이 지어졌다. 기적의도서관은 우선 건립 과정부터 개관까지 주민들의 뜨거운 관심과 호응 속에 지어졌다는 점, 정치인들뿐 아니라 시민들이 도서관에 대한 인식을 전환하는 계기가 되었다는 점, 도서관 운영 방식의 새로운 모델을 보여 주었다는 점에서 의미를 지닌다.

주민들의 관심과 호응은 도서관 자원봉사와 열렬한 이용으로 이어져, 도서관 운영에 시민들의 자원봉사가 커다란 역할을 하는 사례를 만들었다. 정치인과 시민들의 도서관에 대한 인식 전환의 결과, 전국에서 도서관 건립이 활발해졌다. 수만 세대 대단지 아파트가 들어설 때에도 도서관 건립은 도시계획에 포함되지 않던 관행이 깨지고, 공공도서관이 도시계획의 중요한 일부를 차지하게 된 것이다. 곳곳에 어린이도서관이 건립되기 시작했고, 기존 공공도서관 어린이실도 리모델링을 거쳐 새롭게 단장되었다.

도서관을 이용하는 것이 젊은 부모들의 유행(?)이 되어 저마다 아이들을 데리고 도서관을 방문하기 시작했다. 책 읽기에 대한 아이들의 관심, 주말에 아버지들을 일으켜 세워 도서관으로 아이들과 함께 오는 어머니들의 열성 같은 것들이 도서관을 가득 채웠다. 온 사회에 가득했던 책 읽기에 대한 관심과 열정들, 그 에너지들을 나는 뚜렷이 기억한다. 아이들에게 책을 읽히고, 책을 통해 밝은 미래를 그리려는 건강한 에너지가 우리 사회에 중요한 활력을 가져왔다고 생각한다.

또한 도서관 운영 방식의 새로운 모델인 시민 참여형 운영을 일부 기적의도서관은 실제로 시행하였다. 기적의도서관은 건립 이후 지자체에 바로 기부 채납하는 것을 원칙으로 하였다. 도서관 운영은 결국 지자체의 몫이므로, 건립 이후 운영에 대한 부분은 지역사회의 책임으로 돌린다는 의미였다. 하지만 선정된 대부분의 지자체가 기적의도서관이 완공된 이후에는 기존의 다른 도서관과 별 차이 없이 운영하여, 애초 건립 취지를 충분히 살리지 못했다. 순천과 제천, 진해 등 일부 기적의도서관만이 독특한 운영 모델을 보여 주었는데, 이는 해당 지역 단체장이 기적의도서관 취지를 이해하고 도서관장에게 충분한 권한을 주어 소신 있게 운영할 수 있도록 지원했기 때문이다. 또한, 도서관을 지지해 주는 지역사회의 든든한 뒷받침도 중요한 요인이 되었다. 하여 이 도서관들은 자원봉사자들을 조직하고 훈련하여, 기존 도서관에서 시도하지 않았던 색다른 프로그램들을 다양하게 실시하면서 시민들의 이용을 활성화하였다. 지자체 입장에서는 적은 예산을 투입하고도 큰 효과를 거두었던 것이고, 도서관을 보러 오는 외부인들의 방문이 이어지면서 지역을 홍보하는 성과까지 거두었다.

기적의도서관 건축은 기존 도서관 건축에 크게 변화를 주는 계기가 되어 전국 곳곳에 아름다운 도서관 건축물들이 지어지는 부대 효과도 낳았다.

이처럼 한국사회에 여러 가지 면에서 커다란 반향을 불러일으키고 영향을 미쳤던 기적의도서관 현상은 아직 끝나지 않았다. 2003년 1차 기적의도서관 이후 계속해서 기적의도서관들이 지어지고 있기 때문이다. 아이들에게 책 읽기가 얼마나 중요한지, 또 어린이도서관이 아이들에게 왜 필요한지를 사회에 일깨워 준 것이 기적의도서관의 의미라면, 지금도 지어지고 있는 기적의도서관들은 어떤 의미에서 '기적의도서관'이라고 하는 것일까? 아직 우리 사회에 어린이들을 위한 도서관의 기적은 충분하지 않은 것인가. 그렇다면 그 이유는 무엇인가.

# 마을을 살리는 공공도서관

### 어린이도서관의 모델이 된 기적의도서관

우리나라 공공도서관 발전의 전환점이 된 가장 중요한 사건을 하나 꼽는다면 단연코 기적의도서관 건립을 꼽을 수 있을 것이다. 민간 주도의 공공도서관이라는 측면에서 전혀 새로운 모델인 기적의도서관이 전국 곳곳에 지어지면서, 지역의 도서관 문화에 큰 영향을 미쳤다. 이용자 친화적인 분위기와 다양한 문화 프로그램도 인기를 모았지만, 가장 화제가 된 것은 단연 건축이었다.

어린이도서관으로 지어져서 규모가 크지는 않았지만, 독특하고 재미있게 설계된 공간에서 쾌적하게 책을 읽을 수 있는 방, 소리 내어 책을 읽어 줄 수 있는 작고 아기자기한 방들은 이런 형태의 도서관에 익숙하지 않았던 시민들에게 신선한 충격을 주었다. 지역의 특색과 경관에 어울리게 설계되어 전국 곳곳에 지어진 기적의도서관들은 동네의 자랑거리가 되었고, 일부러 찾아가는 관광 명소가 되었다.

그로부터 꽤 많은 시간이 지난 지금, 기적의도서관 프로젝트의 가장 큰 성공은 건축이라고 할 만큼 건축 설계 부문에서의 공헌을 인정받고 있다. 우리나라 도서관 건축이 기적의도서관 전후로 나뉘지 않을까 생각될 정도이다.

기적의도서관은 어린이들의 심리와 발달단계에 따른 특성, 어린이와 가족의 도서관 이용 행태를 세심하게 고려하여 도서관을 설계하였다. 구석방에서 책을 읽고 싶어 하는 아이들을 위해 조그마한 방들을 만들었고, 젖먹이 어머니를 위해 수유실을 두었으며, 아이들이 놀이터에서 뛰어놀다가 달려와서 책을 읽기 전에 손을 씻을 수 있도록 세면대와 화장실을 자료실 입구에 설치하였다.

일부 도서관에서는 안전상의 이유로 복층으로 설계된 공간을 사용하지 못하는 경우가 있고, 작은 방들이 많아 관리가 어렵다고도 했다. 하지만 기적의도서관은 그곳을 이용하는 많은 이들을 행복하게 해 주고, 도서관에 대한 긍정적이고 친근한 이미지를 형성하는 데 큰 역할을 했을 것이 분명하다.

## 마을의 사랑방이 된 구산동도서관마을

구산동은 서울시 서북쪽 은평구에 위치하여 고양시와 경계를 이루고 있다. 어디에서든 북한산이 보일 정도로 경관이 아름답고, 도심에서 멀지 않으면서도 집값이 싸서 가난한 예술가들이 많이 거주한다. 은평구는 서울시에서 재정 자립도가 가장 낮은 자치구 중 하나이다. 대규모 아동보육시설과 노숙자 보호시설, 장애인 학교가 구산동 관내에 있다. 주택 형태는 오래된 단독주택과 다세대주택이 대부분인데, 다세대주택이 빠르게 단독주택을 대체해 가고 있는 중이다.

구산동도서관마을은 행정기관에서 일방적으로 계획하여 세운 대부분의 도서관과 달리, 시민들의 바람과 주도적 활동의 결과로 건립된 도서관이다. 이야기는 2004년 은평구 대조동 꿈나무도서관에서 시작된다. 주민센터에서 만든 작은도서관을 이용하던 기혼 여성들이 동네에 더 많은 사람들이 이용할 수 있는 크고 멋진 공공도서관이 생겼으면 좋겠다고 꿈꾸기 시작했다. 그림책을 읽어 주며 아이들을 함께 키웠을 그들은 도서관을 지어 달라며 서명운동을 벌였다. 불과 열흘 만에 2천 명이나 서명에 참가하는 등 예사롭지 않은 주민들의 열기에 놀란 구청은 도서관을 지을 부지로 여덟 채의 주택을 매입했다. 은평뉴타운이 막 조성되던 무렵이라 은평구가 마침 재정적으로 조금 여유가 있었던 것은 우연한 행운이었을까. 그렇게 부지는 마련했지만 건축비가 없어 도서관 건립은 그러고도 몇 년 동안 진척되지 못했다고 한다.

그러는 사이 2010년 김우영 구청장으로 바뀌면서, 은평구에서 주민참여예산제도가 처음으로 시작되고, 서울시 박원순 시장이 이 제도를 도입하게 된다. 이에 주민들은 주민참여예산 확보에 직접 나섰고, 전체 건립비 65억 원의 절반이 넘는 35억 원을 마련한다. 마침내 도서관 건립은 속도가 붙기 시작하였고, 구청은 주민들의 적극적인 참여 의지를 도서관 건립과 운영 전반에 반영할 방법을 고민하였던 모양이다. 그리하여 전국에서 처음으로 주민들이 만든 협동조합이 공공도서관을 위탁 운영하게 된다.

도서관 건립에 얽힌 이야기를 들은 젊은 건축가 최재원은 리모델링을 통한 건축 방식으로 구산동도서관마을을 설계하였다. 다섯 채의 단독주택을 허물고, 세 채의 다세대주택을 잇는 독특한 방식을 통해 구산동도서관마을이 태어나게 된 것이다.

밤이면 골목으로 난 수많은 창마다 따스한 불빛이 비치는 구
산동도서관마을은 아늑한 책들의 집일 뿐 아니라, 마을 공동체
를 꿈꾸는 사람들의 숨결이 스민 마을 운동의 상징이 되었다.
도서관을 염원하던 마을 사람들과 그들의 노력이 은평구의 열
린 행정과 서울시의 주민참여예산과 만나 열매를 맺었기에, 협
치의 상징이자 주민 참여 행정의 소중한 성과물로 남게 된 것
이다.

하루아침에 마을의 흔적조차 없애 버리고 고층 아파트를 지
어 마을에서 살아가던 사람들 대다수가 떠나야만 하는 도심 재
개발 방식을 취하지 않고, 마을의 사랑방을 만들어 사람들이
모이게 만들었기에 도심재생의 성공 사례라 할 만하다. '책들
의 집'에서 '도시의 거실'이 된 이곳에서는 마을을 꿈꾸는 사람
들이 모여 주민들을 따스하게 맞아 준다.

구산동도서관마을에서는 역사와 문화예술 등 다양한 주제
의 인문학 강좌와 저자 초청 강연이 수시로 열리며, 책 읽기와
낭독, 영화 보기와 영화 읽기, 여행 책 읽는 모임 등 다양한 동
아리 활동이 펼쳐진다. 벗을 만나고 이웃과 소통하는 동아리
활동은 커뮤니티 센터로서 공공도서관의 주요한 역할이다. 그
뿐인가, 어르신들에게 컴퓨터를 가르쳐 드리고, 지역아동센터

어린이들에게 책 읽기의 즐거움을 알려 주며, 인근 복지시설과 연계하여 찾아가는 도서관 서비스를 펼치기도 한다.

## 마을마다 아름답고 편리한 도서관을

도서관은 오래된 책을 보존하고 관리하는 전통적인 기능 외에 지역 주민들의 삶에 도움이 되는 지식 정보 서비스와 평생학습 기회를 제공하는 등 새롭고 다채로운 역할을 수행하고 있다. 공공도서관은 그 나라의 문화 수준과 자부심을 보여주는 소중한 자원이다. 우리나라 공공도서관은 이미 1,172개로 작은도서관까지 합하면 7,646개소에 이르러(2020년 기준), 3,500여 개인 주민자치센터의 두 배 이상이다.

실핏줄처럼 동네 구석구석에 자리한 공공도서관은 이제 우리 사회의 주요한 공적 공간이자 문화 인프라로 자리 잡았다. 전통적 공동체가 해체되고 일인 가구가 증가하면서, 사적 영역에 고립된 개인을 공적 영역으로 호명할 수 있는 부담 없는 공간으로서 도서관의 역할은 앞으로 더 주목받을 것이다.

주민들의 왕래가 많고 교통이 편리한 곳에 공공도서관이 더 많이 지어졌으면 좋겠다. 어디에서나 볼 수 있는 비슷비슷한 건물이 아니라 지역의 특색을 반영한 개성 있고 아름다운 도서관으로 지어져 지역의 랜드마크가 되기를 바란다. 누구나 가서 누릴 수 있는 공공시설물인 도서관이 독특하고 아름다운 건축물로 지역마다 자리한다면, 아직은 단조로운 흑백이 지배하는 우리 사회도 좀 더 창의적이고 다채로운 색깔로 가득해지지 않을까 상상해 본다.

# 도서관의 인문학 프로그램

민주주의 시민교육과 평생학습의 중요성이 커지면서 공공도
서관이 주목받고 있다. 독서와 문화 관련 예산이 늘어나면서
도서관 인문학 강좌와 문화 프로그램들이 풍성하게 개설된다.
시민들이 배우고 성장하며 교류하는 도시의 거실이자 교육문
화센터로 도서관의 역할이 확장되고 있는 것이다.

## 인문학을 통해 배우고 성장한 경험

아직은 대부분의 공공도서관에서 꽃꽂이나 서예 강습 등이 주
를 이루던 시절, 인문학 강연을 기획하여 시행하면서 배우고

성장하였고, 이를 도서관에서 일하는 커다란 즐거움으로 여겨 왔다.

1989년 새벗도서관에서 열었던 첫 번째 강좌는 서정오 선생의 『우리글 바로 쓰기』였다. 옛이야기를 입말로 새로 고쳐 써 우리 옛이야기의 재미와 가치를 널리 알린 저자로 유명해진 서정오 선생은 당시 초등학교 교사였다. 한국국제문화교류진흥원 원장직을 맡고 있는 김용락 시인도 새벗에서 요청하면 언제든 달려오는 고마운 강사였다. 김용락 시인은 강의가 끝나면 혹시라도 강사료와 관련된 민망한 상황이라도 벌어질까 봐 황급히 강의 장소를 떠나곤 했다.

영남대학교 교수로 재직하던 유홍준 선생이 대구 '예술마당 솔'에서 진행하던 강연과 답사는 인기 프로그램이었고, 그 분위기를 타고 새벗도서관도 도서관으로는 처음으로 강연과 답사를 정기 프로그램으로 진행하였다. 연간 답사회원을 모집하여 진행하던 예술마당 솔과 다르게, 매번 참가자를 모으고 답사를 진행하는 형태로 프로그램을 운영했다.

1993년 '새벗 문화 기행'의 첫 답사지는 경주 남산이었고, 1박 2일로 진행한 답사 첫날 강연을 맡아 준 남산 지킴이 윤경렬 옹의 길게 드리워진 희디흰 수염과 하얀 두루마기 한복 차림이 지금도 또렷이 기억난다. 경주 남산의 가치를 알고 사랑하며 널리 알리기 위해 평생을 바친 향토 사학자의 꼿꼿한 모습을 보며, 돈과 명예보다 더 소중한 것을 위해 헌신하는 사람의 아름다움을 배웠다.

밤늦도록 노래를 부르며 어울리던 첫 답사의 추억 이후, 새벗 답사를 이끌어 주던 단골 안내자는 광주의 화가 하성흡 선생이었다. 하성흡 선생은 광주 민예총에서 소개해 준 젊은 한국화가로 우리 문화유산에 대한 깊은 이해를 바탕으로 명쾌한 강의를 해 주고는, 답사지 주변 풍경을 스케치하러 떠나곤 했다. 얼마 전 광주에서 열린 개인전 소식을 알려 온 하성흡 선생은 한국의 미와 이 땅을 살다 간 선 굵은 사람들의 이야기를 화가의 눈으로 들려준 또다른 인문학자였다.

당시에는 별로 알려지지 않았던 성교육 전문가 구성애 선생, 수십 권의 저서를 펴내 르네상스적 지식인으로 알려진 박홍규 교수, 약자를 위한 경제학을 주창하다 참여정부 정책실장이 된 이정우 교수, 전국을 발로 누비며 '길 위의 인문학'을 설파하는 전주의 신정일 선생, 섬진강에서 나고 자라 고향 마을에서 아이들을 가르치며 시를 쓰던 김용택 시인을 만난 것도 인문학 강연을 통해서였다. 도서관 프로그램을 기획하며 공부하고, 강연과 답사를 통해 배운 시간들이었다.

정치와 제도 이전에 사람을 변화시키는 교육과 문화의 힘을 믿는다. 도서관 운동을 시작한 이유이기도 하고, 도서관에서 인문학 프로그램을 정성껏 운영해 온 이유이기도 하다. 인문학 프로그램에서 견지하는 원칙은 두 가지다. 첫째는 인문학 정신에 투철하고, 사회 진보와 미래 발전 방향에 맞는 주제일 것, 둘째는 널리 알려지지 않은 강사를 발굴하되 자신만의 주제를 깊이 연구해 오거나 의미 있는 분야에 천착하고 실천해 온 이들을 강사로 초빙할 것이다.

확고한 원칙을 갖고 문화 프로그램과 인문학 강좌들을 운영하니 평소 도서관을 이용하지 않던 이들도 널리 참여하고 도서관에 고마워했다. 시민들과 배움의 기쁨을 함께 누렸다.

## 인문학 프로그램에 필요한 사서의 역량

매년 초 공공도서관은 각종 공모 사업으로 분주하다. 인문독서 아카데미, 도서관 상주 작가, 길 위의 인문학 등 문체부 사업을 비롯해, 서울형 북스타트, 한 도서관 한 책 읽기 등을 진행하는 서울시처럼 각 지자체가 추진하는 사업도 있다. 도서관에서 공모 사업에 참가하는 이유는 자체 사업비가 부족한 탓도 있고, 공모 사업 선정이 도서관 실적으로 연결되기 때문이기도 하다.

전국에서 불과 몇 개의 도서관에서만 실시하던 '길 위의 인문학'이 전국 공공도서관 대부분이 참가하는 대규모 공모 사업으로 확대된 지도 몇 년이 지났다. 강의와 답사 형식의 프로그램으로 전국 수백 개 도서관에서 진행되고 있는데, 사업 규모가 확대되면서 예상하지 못했던 문제도 더러 생긴다.

인문학 교육을 경험할 기회가 별로 없었던 사서들이 도서관 현장에서 인문학 프로그램을 기획하는 것이 쉽지는 않을 것이다. 훈련을 받지 못했고, 개인적으로 큰 관심도 없었던 상황에서 업무를 맡게 되면, 외부 업체에 프로그램 기획과 진행을 통째로 맡겨 버리거나, 타 도서관 프로그램을 적당히 베끼는 등 의미를 충분히 살리지 못하게 될 가능성이 크다. 강사 선정에 있어서도 매스컴에 자주 노출되거나, 베스트셀러 저자 위주의 유명 강사들을 선호하게 된다. 인기 강사들의 몸값은 계속 올라가지만, 대다수 인문학자들은 대중 강연의 기회를 얻기 어려워 부익부 빈익빈 현상이 심해진다.

참가자들 입장에서는 유명 강사의 강의를 가까운 도서관에서 무료로 들을 수 있으니 좋지만, 인문학이 다른 대중 예술처럼 인기인 위주로 소비되는 것은 지양해야 한다. 장기적으로 인문학 발전에 도움이 되지 않고, 시민들의 인문 정신 고양에도 큰 의미를 지니기 어렵다.

공공도서관에서 문화 기획과 홍보를 담당하는 것은 대부분 사서이지만, 별도로 문화 홍보 전담 직원을 채용하는 도서관도 있다. 어떤 경우이든 직원의 업무 능력 향상을 위한 노력이 지속적으로 필요할 것이다.

'길 위의 인문학' 공모 사업을 주관해 온 한국도서관협회는 사서들의 기획을 도와주거나 담당자를 교육시키는 등 여러 지원을 하고 있으며, 국립중앙도서관에서도 문화 프로그램과 인문학 기획 관련 사서 교육을 실시하고 있다. 이런 교육이 더 강화되어야 하고, 대학에서는 미래의 사서들이 인문학 소양을 기를 수 있도록 교육과정을 편성할 필요가 있다. 변화하는 도서관의 기능에 발맞추어 현장에서 필요한 교육을 실시하는 대학의 역할이 절실하다.

## 확대되는 도서관의 역할

도서관 인문학 프로그램은 강의를 듣고 토론에 참가하며 동아리로 이어지는 연속성이 필요하다. 단순한 지식 수용에 그치지 않고, 더불어 나누고 실천하는 기쁨으로 이어질 수 있어야 한다.

일부 지자체에서 제한적으로 실시해 온 북스타트 사업의 경우 2019년부터 서울시 모든 도서관에서 시 보조사업으로 확대 시행하고 있다. 북스타트 사업은 어릴 때부터 공공도서관을 이용하며 책 읽는 습관을 들이도록 하기 위해 영국에서 처음 시작한 영유아 독서프로그램이다. 영유아를 위한 책 읽어 주기 프로그램과 어머니를 대상으로 한 강연, 북스타트 꾸러미 배포 형태로 진행된다.

서울시에서 시행하는 '한 도서관 한 책 읽기'는 사서들이 매년 분야별 추천 도서를 선정하여 서울시 모든 공공도서관에서 저자 초청 강연, 동아리에서 함께 읽기, 체험 놀이 형태 등으로 진행한다. 그 외에도 정보 취약 계층을 대상으로 한 사업 등 다양한 형태의 공모 사업들이 있다.

문체부와 서울시뿐 아니라 과기부, 교육부 등 여러 부처에서 공모 형식으로 시행하는 사업들도 있다. 제대로 잘 시행될 경우 의미가 있고 시민들에게 큰 호응을 얻을 수 있는 사업들이다. 하지만 공공도서관 현장의 한정된 인력으로 인해 이 사업들을 애초 취지대로 충분히 잘 수행하지 못하는 경우가 있어 아쉽다.

규모가 작은 도서관의 경우 사서들은 대출 반납, 수서 정리 같은 기본 업무에다 행정과 문화 사업 기획, 홍보, 독서회 운영

등 여러 업무를 동시에 수행해야 하므로 업무에 대한 피로도가 높다. 도서관별로 효율적인 역할 배분이 필요하고, 체계적으로 사서들의 역량을 키워 주면서 일을 진행해야 하지만, 단기적인 성과도 중요하기 때문에 주위를 둘러보며 차근차근 나아갈 여유가 없다. 공모 사업에 매달리느라 도서관 본연의 업무에 소홀한 경우도 생긴다. 도서관에 대한 관심이 커지면서 각종 사업이 밀려들고 있지만, 늘어나는 사업에 비해 도서관 인력 증원은 제대로 이루어지지 않고 있는 것이다.

시민교육과 평생학습의 중요성이 커지면서 사업이 확대되는 것, 도서관이 그런 역할을 수행할 핵심 기관으로 지목되는 것은 바람직하다. 다만 사업 확대에 맞추어 사람에 대한 투자도 함께 이루어져야 한다. 사람에 집중하여 하나하나의 사업을 정성껏 진행하고 매 사업 후 동아리 결성 등 후속 모임을 진행하기 위해서도 그렇다. 도서관 사업과 더불어 성장하는 사서는 시민교육의 든든한 자산이 될 수 있다. 아울러 척박한 풍토에서 고군분투하는 인문학자들이 도서관을 기반으로 대중과 호흡하며 성장할 수 있도록 해야 한다. 사서의 역량과 인문학자의 동반 성장이 이루어질 때 인문학 발전의 토양도 굳건해질 것이다.

# 청소년을 위한 도서관 되기

한여름의 무더위가 기승을 부리던 팔월 어느 날 오후, 훤칠한 청년 한 명이 활짝 웃으며 새벗도서관에 들어섰다. 어렸을 때 도서관을 자주 이용한 덕우라고 자신을 소개했다. 자세히 보니 눈매며 웃는 모습이 그대로 남아 있다.

초등학교에 다니기 전부터 엄마를 따라 도서관에 다니기 시작한 덕우는 중고등학생이 되어서도 꾸준히 도서관을 이용했다. 중간고사나 기말고사가 끝나면 오고 싶은 마음을 꾹 참고 버텼다며 밝은 얼굴로 도서관 문을 열고 들어서곤 했다. 지금은 대학에 다니느라 타지에 나가 있는데, 도서관이 변함없이 그 자리에 있어 주어 고맙다며 거듭 감격했다. 도서관에 다녔던 그 시절이 가장 행복했다고도 했다.

덕우는 조금은 독특한 아이였다. 자기가 꼭 읽고 싶은 책을 다른 아이가 읽고 있으면 책을 빼앗아 천연덕스럽게 읽기도 했고, 도서관 가운데 있던 커다란 탁자 위에 드러누워서 책을 읽기도 했다. 새로 들어온 사서가 원하는 책을 못 찾아 준 적이 있었는데, 새벗도서관 사서가 책을 못 찾아 주면 어떡하느냐고 면박을 준 적도 있었다. 그 사서는 어린 이용자에게 당한 수모(?)를 오래 잊지 못했지만, 사서로서 공부는 톡톡히 되었으리라. 덕우는 소액이라도 꼭 후원을 하겠노라 약속하고 돌아갔고, 그 약속을 지켰다. 덕우처럼, 대학생이 되고 어른이 되어 먼 곳에서 살아도 도서관에 다니며 책을 읽었던 기억이 마음 한편에 아스라이 그리운 기억으로 남아 있다고 전해 오는 이들이 많다.

## 청소년자료실에 생명을 불어넣는 청소년 전문 사서

몇 년 전만 해도 공공도서관에 청소년자료실이 따로 있는 경우가 드물었다. 최근에는 청소년들에게 전문서비스를 제공할 필요가 있음을 느끼고 새로 건립하는 도서관에 청소년자료실을 별도로 만드는 자치단체들이 생겼다. 탁자와 의자가 가지런히

놓인 평면적인 구조가 아니라 공간을 입체적으로 구성하고, 보드게임판과 탁구대 같은 놀잇감과 도구도 갖다 놓았다. 서울시와 경기도 일부 자치단체뿐 아니라, 전주시도 새로 지은 '꽃심'이라는 이름의 시립도서관에 트윈세대를 위한 공간인 '우주로 1216'을 만들었다. 청소년을 위해 특별히 만들어진 이런 공간들을 청소년들이 실제로 얼마나 좋아하고 잘 이용하는지 꼼꼼히 살펴볼 필요가 있겠다.

청소년들의 감성에 맞고 상상력을 자극하는 공간 구성과 내부 구조는 물론 중요하다. 하지만 도서관에 오는 청소년들을 환대하고 도서관의 여러 활동과 책 읽기로 이끌어 주기 위해서는 아이들을 진정으로 이해하고 공감할 준비가 되어 있는 청소년 전문 사서가 꼭 필요하다.

같은 도서관이라도 담당 사서가 누구인지에 따라 청소년들의 도서관 이용에 차이가 나는 것을 보았던 터다. 마음이 담기지 않은 태도는 아이들이 먼저 알아채고 거리감을 느낀다. 아이들의 눈높이에 맞춰 그들의 언어로 말을 걸어 주고, 공감하며 귀 기울여 들어 줄 준비가 되어 있어야 한다.

도서관에 오는 아이들을 반갑게 맞으며 이름을 불러 주고, 공부 때문에 고민이라는 아이에게는 공부 좀 못해도 괜찮다며 등을 토닥여 주면 좋겠다. 서가 앞에서 오래 서성이고 있는 아이에게는 눈높이에 맞을 만한 재미있는 책을 골라 건네주고, 편안한 마음으로 책 읽기와 친해질 수 있도록 도와주기를. 무엇보다 아이들을 있는 모습 그대로 관심 어린 눈으로 지켜봐 주고, 도움이 필요해 보일 때 손을 내밀어 주면 좋겠다.

청소년 시절은 인생의 어떤 시기보다 예민하고 감수성이 풍부하다. 아이들이 은신처로 삼아 조용히 쉬며 마음을 내려놓을 공간이 도서관에 필요하다. 청소년이 흥미를 가질 만한 책들을 그들의 눈높이에 맞추어 보여 주는 것도 중요하다. 물론 더 깊은 책 읽기로 나아갈 수 있도록 이끌어 주는 세심한 배려가 필요하며, 아이들이 언제라도 찾을 수 있도록 보석 같은 책들을 서가에 숨겨 두어야 한다.

주인 의식을 길러 주고 스스로 만들어 가는 즐거움을 누릴 수 있도록 청소년운영위원회를 만들어 사서가 청소년들과 함께 도서관 공간을 꾸미고, 청소년 추천 도서를 만드는 등 활동을 같이하는 것도 좋다. 개관 기념 행사나 마을 축제, 작가와의 만남 같은 도서관 행사를 청소년들과 힘 모아 직접 준비하면서 즐겁게 참가하는 것도 청소년들이 도서관과 가까워지는 좋은 기회가 될 것이다.

어릴 때 책을 재미있게 읽은 기억이 많고, 도서관에 대해 편안하고 기분 좋은 느낌이 든다면 그 아이는 평생 독자가 될 가능성이 높다. 아이들이 성인이 되어서도 책을 손에서 놓지 않고 책을 즐겨 읽는 평생 독자가 되도록 돕는 것이 어린이와 청소년자료실을 운영하는 도서관의 궁극적인 목적일 것이다.


## 도서관, 학교, 지역사회가 협력해야

아이들이 책을 읽기 위해서는 학교와 도서관, 지역사회의 촘촘한 연결과 배려가 필요하다. 한 번도 도서관을 이용해 보지 않은 아이들은 집 바로 옆에 도서관이 있어도 문턱을 넘어서기 어려울 수 있다. 책을 접하기 어려운 환경에서 자란 아이라면 더욱 그렇다. 학교에서 교과 과정 중에 지역 공공도서관을 방문하고, 사서가 도서관 이용 방법을 알려 주는 것을 정규 프로그램으로 넣으면 어떨까? 친근한 사서가 도서관을 재미있게 소개해 주고, 도서관에서 신나는 일들이 얼마나 많이 일어나는지 알려 주면 좋겠다. 그 후에는 아이들이 자유롭게 도서관을 탐색하고 스스로 책 읽기에 몰두할 수 있는 시간을 주어야 한다. 학교와 도서관의 의식적인 노력과 배려가 눈에 보이지 않게 계속되어야만 아이들이 도서관과 조금이라도 더 가까워질 수 있을 것이다.

학교 자원봉사 시간을 채우기 위해 아이들이 도서관에 올 때 흥미를 갖도록 유도할 수도 있다. 자원봉사를 하기 전에 도서관 소개와 이용 방법에 대한 교육과 함께 도서관 체험을 가볍게라도 한 후 봉사를 하도록 할 수 있을 것이다. 어떤 중학교에서 징계를 받은 학생을 도서관에서 돌봐 달라고 보냈는데, 며칠 동안 도서관에서 봉사한 그 학생이 도서관이 이런 곳인 줄 몰랐다며 다음에는 이용자로 도서관에 오고 싶다는 소감을 남긴 것을 본 적이 있다. 아이들이 도서관을 직접 경험해 보는 것은 이토록 중요하다. 물론 사서가 이런 일들을 즐겁게 할 수 있을 만큼 여유가 있는 도서관이라야 가능한 일일 것이다.

학교와 부모가 외려 아이들의 책 읽기를 가로막고 잘못 이끄는 경우를 적지 않게 보았다. 책 읽는 것을 좋아하는 아이에게 공부에 방해된다며 도서관을 그만 이용하라고 하는 부모도 있다. 학원에 다닐 시간조차 부족하다는 이유였다. 책 읽기에 대한 오해와 무지를 속수무책으로 지켜보는 안타까움이라니. 아이들의 두뇌와 정서 발달에 독서가 미치는 의미와 효과에 대해 공영 매체에서 정확하게 알리고 지속적으로 교육하는 것도 필요하다고 생각한다.

아이들의 눈높이에 맞지 않는 책들을 반강제로 읽히는 것도 문제이다. 아이들을 위한 쉽고 좋은 책이 많은데도, 어른들의 기준에서 학습에 도움이 될 것 같다거나 무조건 고전을 읽는 것이 좋다는 편견을 가지고 아이들의 수준에 맞지 않는 책을 억지로 떠안기는 걸 보노라면 아이들이 책을 싫어하게 만들려고 애를 쓰는 것만 같다.


## 청소년들에게 가깝고 편안한 도서관으로

미국 인지신경학자인 매리언 울프는 그의 책 『책 읽는 뇌』에서 책 읽는 뇌는 타고난 인간의 능력이 아니기에 끊임없는 훈련을 통해 개발해야 한다고 했다.

우리 사회에서 책과 가까워질 수 있도록 체계적으로 훈련을 받는 청소년들이 얼마나 있을까? 놀 거리가 별로 없고 자유로운 시간이 넉넉해 심심하면 책 읽기에 몰두할 수 있었던 우리 세대의 행복을 요즘 청소년들은 누리지 못한다.

이제 웬만한 학교에는 교내 도서관이 있고, 사서 교사가 배치된 학교도 크게 늘었다. 책이 흔해지고 구하기도 쉬워졌다. 그럼에도 청소년들의 독서율은 높아지지 않는다. 도서관에 스스로 찾아와 책을 읽고 빌리는 청소년의 수도 늘지 않고 있다. 아마도 책 읽기는 청소년들에게 그렇게 중요한 문제로 여겨지지 않고 관심 영역에서 저만큼 멀어져 있을 가능성이 크다.

대부분의 청소년들은 줄 세우기 입시 경쟁에 따르는 압박감에서 잠시도 놓여나지 못하고 자유롭게 보낼 수 있는 시간조차 절대적으로 부족하다. 디지털 매체를 통해 퍼부어지는 외적 자극의 강도는 엄청나게 세졌고, 아이들의 마음을 사로잡는 유혹은 너무나 강렬하다. 많은 청소년들이 책 읽기의 재미를 느끼며 책 읽는 뇌를 개발할 기회를 애초에 갖지도 못했다.

우리 세대는 아이일 때 산과 들, 혹은 골목과 마을에서 마음껏 뛰어놀며 세상을 탐색하고 자립심을 길렀다. 요즘 아이들에게도 편안하게 머물고 부모와 교사가 아닌 어른들을 만날 수 있는 공간이 필요하며, 그곳이 도서관이면 좋겠다. 학교와 학원 말고는 TV와 휴대폰으로 만나는 세상이 전부인 아이들에게 책과 도서관을 선물해 주어 마을과 더 넓은 세상을 만날 수 있게 해 주면 좋겠다.

서울시교육청에서 '한 학기 한 책 읽기'를 실시한 지 몇 년 되었다. 이 사업의 효과에 대한 평가가 내부적으로 어떻게 이루어지는지는 모르겠지만, 이런 종류의 프로그램이 앞으로 더 확대되었으면 싶다. 책 읽기를 정식 교과목으로 채택하여 책 읽는 습관을 들이고, 아이들의 책 읽는 뇌를 개발하려는 노력이 학교 교육에서 끈질기게 이루어졌으면 한다. 학교 교육에서 중요하게 다루면 가정에서도 책 읽기가 더 권장되고 사회적으로도 책을 읽을 수 있는 환경을 만드는 데 더 노력하게 될 것이다.

공공도서관도 학교를 포함한 지역사회와 협력하여 청소년들의 도서관 이용을 높이기 위해 세밀한 계획을 세우고 적극적으로 노력하면 좋겠다. 미국의 철학자 마사 누스바움은 기술적으로는 유능한 국민이라 하더라도, 비판적으로 사고하고 자신을 성찰하며 인간성과 타인의 다양성을 존중하지 않는다면 그 나라에는 재앙이 닥칠 수도 있다고 했다. 민주 시민의 소양을 갖춘 세계 시민을 기른다는 우리 교육의 목표를 실현하기 위해서라도 청소년들의 독서력 향상에 온 사회가 더 공들이고 힘을 모을 수 있기를 바란다.

# 독서 동아리 활성화를 위해
# 도서관이 할 일

A씨는 초등학교 급식조리사이다. 갑자기 남편을 잃기 전까지만 해도 그는 평범한 가정주부였다. 하지만 남편을 잃은 뒤 그에게는 장애가 있는 아들과 딸 하나를 키울 가장으로서의 책임이 고스란히 지워졌다. 다행스럽게도 학교 급식조리사로 일하게 된 A씨는 힘든 삶 틈틈이 책을 읽는 것을 위안으로 삼았다.

내가 A씨를 만난 것도 도서관에서 독서 모임을 새로 만들면서였다. 집이 상당히 먼데도 개의치 않고 A씨는 2주에 한 번씩 꼬박꼬박 독서 모임에 참가했다. A씨에게 책을 즐겨 읽게 된 계기가 있는지 물어보았다. 그는 뜻밖에도 아이를 보내던 어린이집 원장이었던 목사님을 통해 책 읽기의 재미를 알게 되었다고 말했다. 목사님은 학부모들에게 책 읽기를 권하고 책을 소재로 이야기도 함께 나누는 등 책 읽기의 즐거움을 널리 알리는 분이었다. 그렇게 책에 재미를 들인 후 이제는 두 곳의 도서관에서 독서 모임에 참가하고 있으며, 다양한 연령대의 사람들을 만나 책을 매개로 이야기를 나누는 즐거움을 누리게 되었다는 것이다.

A씨가 책을 읽고 독서 모임에서 사람들과 생각을 나누는 즐거움을 알게 된 것은 그의 삶에서 얼마나 큰 축복인가. 더 많은 이들이 함께 책 읽기를 통해 팍팍한 일상을 견디며 희망이 깃든 미래를 꿈꾸게 할 방법은 없을까? 독서 모임을 만들고 운영하기 위한 최적의 조건을 갖춘 도서관에서 그 일을 더 잘할 수는 없을까?

## 독서 모임에 얽힌 추억

중학생 때 시립도서관에서 열린 방학 독서 교실에 참가한 적이 있다. 당시 도서관의 공문을 받은 학교에서 학생을 추천해 주어 참가하는 형태였는데, 방학 중 열흘 정도 일정으로 도서관에 다녔다. 남자 선생님(아마도 사서였을 것이다) 한 분이 담임을 맡았고, 우리들은 종일 책상 앞에 앉아 정해진 책을 읽었다. 독후감을 제출하는 것으로 하루 일과가 마무리되었다. 참 단순한 일정이었고 평소 잘 읽지 않던 재미없는 책이 포함되어 있었는 데도 그 시간이 기다려졌고 마냥 즐거웠다.

시립도서관에서 주최한 중학생 연합 독서 토론회에도 참가 한 적이 있다. 황순원의 소설 「카인의 후예」를 읽고 참가해야 했다. 남학생 한 명이 사회를 맡아 진행하였고, 여러 학교에서 모인 학생들이 어설프게 토론을 벌였다. 그때 한 남학생이 책 을 읽지도 않고 와서는 책이 시시하다는 등 흰소리를 하는 바 람에 내가 분개했던 것까지 또렷이 기억난다. 도서관이 열어 준 작은 공간에서 우리들은 잠시나마 숨통을 트고 활개를 쳐 보았던 것이다.

대구에서 유명한 청소년 독서 모임도 몇 개 있었다. '태양' 과 '대벗'이라는 이름이 기억나는데, 여러 학교에서 학생들이 참가하는 연합 동아리였다. 동아리는 시립도서관 소속이었다. 1970년대와 1980년대에 교육청 소속 시립도서관들이 청소 년 독서 모임을 활발하게 운영하였던 것이다. 그 당시 중학교 는 방학 독서 교실과 연합 독서 동아리로, 고등학교는 학교 문 예반과 정기 시화전, 문학의 밤 행사로 청소년 문화가 꽃피고 있었다. 청소년 문화의 기반이 책과 도서관이었던 것이 각별한 의미로 다가온다.

대학 시절 참가했던 독서 모임에서는 평생의 친구들을 만났다. 그중 어떤 친구들은 오랫동안 민간 도서관을 운영해 온 나에게 든든한 후원자가 되어 주었다. 수만 권의 책을 싸들고 여러 번 도서관 이사를 다니는 내가 안쓰러웠던지, 건물을 지으면서 한 층을 내줄 테니 도서관을 마음껏 운영해 보라고 제안한 친구도 독서 모임에서 만났다. 수줍음 많은 영문학과 여학생이 타 학과 친구들을 만나 어울리며 속을 터놓는 친구가 될 수 있었던 것은 1980년대라는 시대와 대학이 내게 준 선물이었다. 동아리와 독서 모임을 통해 여러 계층의 친구들을 골고루 만날 수 있었던 것이다.

도서관에서 여러 연령대의 사람들과 독서 모임을 진행한 경험이 있다. 어린이, 청소년, 청년, 주부 등. 30여 년 전 함께 독서 모임을 했던 청소년 중 지금 더불어민주당 국회의원이 된 이재정 의원이 있다. 당시 여고 1학년이었던 그와 그의 친구들과 함께 여러 책을 같이 읽었다. 국회의원이 된 후 만난 어느 자리에서 그는 오늘의 자신을 만든 건 그때의 그 독서 모임이었다고 웃으며 말했다. 그는 정치인이 되었고, 그와 함께 독서 모임을 하던 어떤 친구는 대구 북구 도토리도서관 관장이 되었으며, 또 누구는 여성 공간을 운영하는 시민운동가가 되었다.

은평구에도 일요일 아침마다 모여 함께 책을 읽는 낭독 모임이 있었고, 몇 번 참가한 경험이 있다. 그들은 5천 원의 회비를 들고 모임에 참가하여 커피 한 잔을 앞에 두고 정해진 책을 한 시간 반 동안 돌아가며 낭독했다. 모임이 끝나면 시간이 되는 사람들끼리 점심을 먹으러 갔다. 점심을 먹을 때는 추가로 5천 원을 더 냈다. 매주 진행되는 모임의 참가자들은 마을 활동가, 어린이집 원장, 특수학교 교사, 마을기업 직원 등 다양했다. 그들에게 독서 모임은 삶의 리듬을 갖게 해 주고, 마을에 소속된 느낌을 주는 중요한 매개인 것으로 보였다.

군이 도서관에 소속될 필요성을 느끼지 않는 독서 모임들은 별도의 안정된 모임 장소가 있고, 책을 정하거나 모임을 운영할 수 있는 내부 역량을 갖추었기 때문일 것이다. 이들은 스스로 책을 정해 함께 읽고, 때로는 일정 기간 외부 강사를 초빙해 도움을 받았다. 도서관 밖 독서 모임은 자발성이 더 강하고, 개인의 삶에서 중요한 의미를 지니는 경우가 많았다.

책읽는사회문화재단에서 독서 동아리 지원사업을 벌이면서 전국 독서 동아리 실태를 두루 파악하는 모양이다. 대구 남산동 독서 모임, 서울 양천구 독서 모임 등『한겨레』에 실린 독서 모임 인터뷰 기사를 보았다. 그들은 독서 모임을 통해 솔직 담백한 인간관계를 맺게 되었고, 매번 진행되는 독서와 토론을 통해 새로운 세상을 만나고 인식의 확대를 경험한다고 했다.

## 독서 동아리를 운영하고 지원하는 방법들

전국 거의 모든 도서관에서 독서 동아리를 운영하고 있다. 어린이, 청소년, 성인으로 대상을 달리하여 월 1회나 2회로 진행되는 독서 동아리들은 도서관의 중요 사업 중 하나이다. 문화 프로그램이나 강좌의 후속 모임으로 동아리가 시작되기도 하고, 처음부터 동아리를 모집하기도 한다. 동아리원은 평균 5명에서 15명 정도이며 연령대도 다양하다.

도서관 독서 모임의 장점은 누구나 쉽게 참가할 수 있도록 문턱이 낮고 열려 있다는 점, 도서관 내 공간에서 안정적으로 모임을 진행할 수 있다는 점, 책을 구하기가 상대적으로 수월하다는 점 등이다. 단점은 누구에게나 열려 있다 보니 모인 사람들이 다양하여 오히려 모임이 안정되지 않는 점이다. 지역에 따라 차이가 있을 것으로 본다.

도서관 독서 동아리는 개별 도서관의 역량에 맡겨져 운영 형태가 모두 다른 실정이다. 동아리의 활성화를 가름하는 가장 주요한 요인은 담당 사서가 동아리에 쏟는 열의인 것으로 보인다.

은평구 구산동도서관마을의 경우, 독서 동아리는 사서 한 명이 한 개 동아리를 맡는 형식으로 다양한 성격의 동아리가 꾸려져 운영되었다. 종합자료실의 여행 책 읽기 모임, 추리소설 동아리, 파워 독서 동아리를 비롯해 만화, 어린이, 청소년 등 자료실에서 각각 동아리를 운영하였다. 사서들은 독서 동아리를 지원하는 기관의 공모 사업에 참가하여 받은 약간의 지원금으로 재미있는 프로그램을 진행하기도 했다. 만나고 싶었던 작가를 초청해 동아리원들과 즐겁게 모임을 진행하거나 함께 연극을 보러 가기도 했다. 외부 지원을 받을 경우 번거로운 일들이 조금 있긴 하지만, 동아리에 새로운 회원이 들어오고 활기를 띠는 계기가 되었다.

반포도서관에도 여러 동아리가 있다. 어린이와 청소년, 성인 동아리가 골고루 있는데, 지금은 비대면 온라인 모임을 개발하여 어린이를 대상으로 한 영상 독서 프로그램 및 책 꾸러미 배부, 줌을 활용한 청소년 독서 토론, 밴드를 활용한 성인 독서 토론을 계획하였다. 각 프로그램마다 홍보를 시작하자마자 당초 목표로 잡은 참가자 수를 거뜬히 채웠다.

도서관마다 독서 동아리를 운영하는 방식이나 지원 형태는 다르다. 동아리의 중요성을 깊이 인식하고 의지를 가진 관리자나 사서가 없다면 기껏 만들어진 모임도 관성적으로 운영되다가 흐지부지될 수 있다. 특히 어린이 대상 독서 프로그램의 경우, 책을 한두 권 읽어 주고 소품을 만들거나 그림을 그리는, 틀에 박힌 단순 체험 형식으로 진행되는 경우를 많이 보았다. 청소년 대상인 경우에도 몇 차례 진행하다가 청소년들의 바쁜 일정 때문에 오래 지속하지 못하는 경우가 많았다. 어린이나 청소년과 책을 함께 읽기 위한 다양한 방식을 고민할 필요가 있다.

오래전 일본의 도서관을 방문한 적이 있는데, 방문한 도서관마다 책 읽어 주기를 중요한 프로그램으로 진행하고 있는 모습이 인상적이었다. 스테인드글라스로 된 창문이 있는 어두운 동굴 같은 방에서 촛불을 켜 놓고 책을 읽어 준다고 자랑하는 도서관 사서의 모습에서 아이들에게 책의 즐거움을 알려 주려고 노력하는 열정이 보였다.

도서관 독서 프로그램의 일차적 목표는, 책 읽기의 즐거움을 알고 스스로 즐겨 읽는 평생 독자가 되도록 이끌어 주는 것이라고 생각한다. 그 다음 단계가 동아리에서 함께 읽기를 통해 생각의 전환과 발전을 경험하며 사람들과의 관계가 만들어지도록 돕는 일일 것이다. 도서관들이 동아리의 개수나 모임 진행 횟수 같은 실적을 의식한 정량적 수치보다 기본 원칙에 더 충실할 수 있도록 여건이 마련되면 좋겠다.

독서 동아리를 하는 사람들에게는 좋은 도서 목록과 안정적인 모임 장소가 필요한데 구하기 어렵기도 하다. 모임을 일관

되게 이끌어 줄 리더 또한 필요하다. 대상별, 단계별로 도서 목록이 개발되면 도서관에서 모임을 진행하는 데 유용하게 활용될 것이다. 더불어 사서와 관심 있는 시민들을 대상으로 한 동아리 운영 방법 교육도 필요하다. 이미 정부와 일부 지자체들이 관심을 갖고 다양한 실험과 지원 방법을 모색하고 있는 것으로 알고 있다. 그 사례들이 널리 공유되고 확산되어 도서관 기반의 독서 동아리 활성화에도 활용되기를 바란다.

# 도서관의 미래, 사서의 미래

지금 도서관계는 변화와 발전을 위한 역동적 움직임으로 가득하다. 2019년 제3차 도서관발전종합계획이 수립되어 공표되었으며, 도서관계의 오랜 염원이 실현되어 한국도서관협회 회장을 회원들이 직접 선출하였다. 서울시가 처음으로 지방자치단체 도서관을 대상으로 공공도서관 위탁과 고용, 노동환경, 도서관 서비스에 대해 일제 조사를 실시하였다. 정부의 생활 SOC 인프라 구축과 지원 방침에 발맞추어 신규 도서관 건립이 왕성하게 이루어졌으며, 복합시설 내 도서관, 특성화 도서관 설립 추진 움직임도 활발했다. 공공도서관이 개인 공부를 위한 열람실 기능에서 벗어나 지역사회 소통 공간으로 거듭나야 한다는 목소리가 국회에서 울려 퍼졌다. 학교도서관진흥법 개정 이후 학교도서관 사서 교사 확충이 지속적으로 이루어졌으며, 경기도의 경우 2020년 배치율이 전년보다 크게 늘어 90.4%에 이르렀다. 독서와 출판, 도서관을 주제로 한 워크숍과 토론회가 각 부문에서 활발하게 이루어졌다.


## 국내 공공도서관들의 변화 동향

2019년부터 2023년까지 도서관 발전 계획을 담은 제3차 도서관발전종합계획은 급변하는 사회·문화·정치·경제에 대한 시민들의 참여적 적응력을 강화하고, 4차 산업혁명 등 기술 환경 변화에 대응하는 지속가능한 도서관 발전 방향을 제시하였다. 지역대표도서관의 역할을 재정립하고, 지역 자료의 납본·보존 체계를 구축하며, 도서관 사서 인력의 지속적 확대, 도서관 법·제도·평가의 현실적 개정 추진 등 세부 방안을 포함하였다.

　지방자치단체도 도서관 분야에서 정책 사업 추진을 위해 노력하였다. 2019년 지역 대표도서관인 경북도서관을 비롯해 전국 25개 공공도서관이 개관했으며, 공간과 콘텐츠 면에서 새로운 시도를 하는 공공도서관들도 다수 있었다. 미술과 책이 융합된 새로운 패러다임의 미술 전문 공공도서관으로 의정부

미술도서관이 개관하였으며, 전주시는 전주시립도서관 한 개 층을 트윈세대를 위한 공공도서관 '우주로 1216'으로 개조하였다. 서초구 양재도서관은 십대 청소년을 위한 책놀이터인 '틴즈플레이스', 북카페와 함께 도서관 내 서점을 조성하여 화제를 모았다. 생활 SOC 시설을 대폭 확충하고 지원하려는 정부 정책 방향에 따라 시설이 노후화된 전국 공공도서관들이 공간 개선 리모델링을 실시하여 이용자를 위한 친근한 환경으로 변모하였다. 서울도서관은 '민주주의의 플랫폼이자 시민과 사회 혁신을 위한 도서관, 사회적 독서'를 주제로 '2021 서울지식이음축제·포럼'을 열었다. 서울지식이음포럼에서는 미래 도서관이 나아가야 할 방향과 도서관의 사회적 역할에 대한 강조가 이루어진 가운데, 도서관계와 서울 시민들이 함께 참여하는 지식이음축제로 마무리되었다.

국립중앙도서관 관장이 공모제로 바뀌면서 신라대 서혜란 교수가 취임하여 첫 전문직 관장이 되었다. 국립중앙도서관 자료의 납본 수집 규정을 개정하고, 납본 관련 세부 지침을 수립하였으며, 온라인 자료 납본 제도의 조기 안착을 위한 지침을 보완하였다. 출판·유통계 현황을 분석하여 협력 방안을 마련하고, 납본 수집 활성화를 위한 출판·유통계와의 협력 체제 구축에 나섰다.

국회도서관은 대한민국 임시정부 수립 100주년에 발맞추어 임시의정원 개원 100주년 기념 웹 사이트를 오픈하였다. 국내 최대 전자도서관 협의체인 한국학술정보협의회 분과위원회를 발족하여 4차 산업혁명 대응 국가 학술정보 신경망 조성, 저작권법 개정을 위해 노력하겠다고 밝혔다. 지식 정보 SOC를 선언하고, 입법 정책 학술 자료를 전면 디지털 데이터화해 공유하겠다는 방침도 천명했다.

국립어린이청소년도서관은 어린이와 청소년을 대상으로 한 독서 문화 프로그램 보급 사업을 꾸준히 진행하고 있으며, 어린이·청소년 담당 사서 역량 강화 워크숍, 사서 역량 강화 코딩&메이킹 워크숍을 진행하였다. 또한 여러 나라 문화와 언어에 대한 어린이의 이해를 돕기 위해 2010년부터 다국어 동화 구연 동영상을 제작 및 서비스하고 있는데, 현재 334종 동영상이 한국어, 영어, 중국어, 베트남어, 태국어, 몽골어 등 6개 국어로 서비스되고 있으며, 그중 100종은 타갈로그어, 러시아어, 캄보디아어로도 제공되고 있다.

2019년 3.1 운동 100주년을 맞아 전국 공공도서관에서 독립운동 관련 도서 전시와 행사가 다채롭게 열렸으며, 파주 중앙도서관은 '한반도 100년의 봄 그리고 도서관' 행사를 열었다. 공공운수노조 관악·노원구립도서관 분회와 권수정 서울시의원이 공동으로 구립도서관 노동 실태와 개선 방안에 관한 정책토론회를 개최하였다. 열띤 분위기에서 진행된 토론회에서는 사서 노동환경 개선을 위해 타 지역 도서관들의 사례를 함께 공유하고 개선 방안을 모색하였다. 후속 조치로 '도서관 119' 밴드가 만들어져 도서관 직원·사서들을 위한 노동 상담을 진행하며, 소통 창구 역할을 하고 있다.

서울도서관은 한국노동사회연구소에 의뢰해 공공도서관 위탁과 고용, 노동환경, 도서관 서비스에 대해 일제 조사를 실시하였으며, 연구 결과를 공유하는 토론회를 개최하였다. 서울지역 공공도서관 운영과 사서 노동환경, 동일 노동 동일 임금 방향 수립을 위한 임금 정책 과제 등에 대한 발제가 이루어졌고, 여러 패널의 토론이 이어졌다. 후속 조치로 서울시는 '서울지역 공공도서관 사서 권익 및 처우 개선 TF'를 결성하였으며, 제도, 운영 및 임금, 감정 노동 3개 분과로 나누어 2020년 1월부터 활동을 진행하고 있다.

지역대표도서관을 포함한 공공도서관 건립이 활발하게 이루어지고 있다. 제7기 도서관정보정책위원회가 출범하였으며, 도서관법 전면 개정과 사서 자격 제도 개선, 남북 도서관 교류 방안을 과제로 안고 있다. 도서관계는 도서관법과 도서관 활동에 관계되는 제반 법률을 전면적으로 재검토하여 미래지향적으로 개정하는 것이 필요하다고 인식하고 있다. 공공도서관 건립과 운영 방안을 사전에 충분히 검토하고 준비하도록 하는 사전평가제 강화, 공공도서관 자료 구입비 확대, 사서 등 도서관 운영 인력 확보도 지속적 과제이다.

교육부는 제3차 학교도서관진흥기본계획(2019~2023)을 발표하였다. 전국 초중고특수학교의 사서 교사 배치 비율은 44.4%로 나타났다. 학교도서관 관련 단체들은 학교도서관진흥법 시행령과 학교도서관 진흥계획에 따른 사서 교사 임용 및 양성 과정 정원을 확대하고, 학교도서관 공무직 사서의 처우를 개선할 것을 요구하는 활동을 지속적으로 전개하였다.

2020년은 '청소년 책의 해'였다. 예상치 못했던 코로나19 사태 장기화로 계획했던 것만큼 다양한 사업을 펼치지는 못했지만, 청소년들의 독서를 장려하기 위한 새로운 사업들이 논의되고 준비된 것만으로도 큰 의미가 있었다.


## 도서관계의 혁신과 리더십 필요

사회의 급변과 도서관에 대한 시대적 요구에 부응할 수 있도록 도서관도 모든 면에서 변화해야 한다. 공공도서관의 경우 교육청에서 운영하는 도서관은 직원 신분이 안정되고 오래된 조직이다 보니 도서관의 기본을 지켜 온 면도 있지만, 변화에 둔감하다. 열람실이 도서관 전체의 상당 부분을 차지하고 있는 공간 구조부터 도서관에 대한 다양한 요구를 수용하기에는 역부족이다. 교육청 도서관의 혁신은 공간의 변화에서부터 시작될 필요가 있다. 실제로 많은 도서관들이 리모델링을 했거나 진행 중이고, 새로운 트렌드를 수용하기 위해 노력하고 있다. 교육청 도서관의 변화를 위한 노력은 앞으로 계속되어야 한다.

지자체에서 직접 운영하는 도서관은 사서가 부족하고 행정직이 순환보직 관장으로 잠깐 머물다 가는 곳이 많아 지역 주민의 기대에 부응하는 혁신적 운영을 기대하기 어렵다. 일부 지자체의 경우 전문직 관장과 사서들이 소신 있게 도서관 정책을 기획하여 운영하고 있는데, 이 사례가 더 확대되어야 한다.

문화재단 등이 위탁 운영하는 다수 지자체 도서관은 아직 과도기 상태로 보인다. 도서관에 요구되는 역할에 비해 지금의 구조는 개선해야 할 점이 많다. 관장들이 권한을 갖고 업무를 수행하기 어려운 구조, 격무와 열악한 처우에 따른 직원들의 잦은 이직이 도서관의 미래지향적인 운영을 가로막고 있다. 이제 외형이 멋진 도서관을 건립하는 것뿐 아니라 도서관이 제대로 운영될 수 있도록 해야 한다. 기본부터 고민하고 제대로 지원하는 가운데, 도서관 운영의 좋은 사례가 만들어질 것이고, 그 사례들이 전국으로 확산되어야 한다.

사서들이 담당하고 있는 단순 반복적인 일부 업무들은 머지 않아 로봇과 인공지능으로 대체될 가능성이 크다. 사서들은 도서관에서 사람만이 할 수 있는 업무가 무엇인지에 대해 끊임없이 고민하고, 열린 마음으로 시민들의 목소리에 귀 기울여야 한다. 혁신하고 포용하는 개방적 자세가 사서들에게 절실히 필요하다.

오랫동안 기다려온 도서관계의 변화와 발전을 위한 외적 조건은 성숙되고 있다. 이제 도서관계 주체의 노력이 필요하다. 도서관계는 리더십을 세우고 힘을 모아 공동의 목표를 달성하기 위해 노력해야 할 것이다. 지금까지 한국도서관협회는 일부 교수들의 순환보직처로 여겨져 왔고, 시대에 걸맞은 투명하고 민주적인 조직 운영상을 보여 주지 못했다. 회장과 각종 위원회가 대학 교수들에 의해 독식되면서 대다수 현장 사서의 목소리를 대변하지 못한다는 목소리가 높았다. 이제 직선제로 회장 선출 제도가 바뀌었으므로, 도서관의 시대에 요구되는 새로운 리더십이 탄생할 수 있는 객관적 조건은 마련되었다. 한국도서관협회는 도서관계 구심점으로 회원 조직의 발전을 위해 노력해야 하는 사명을 갖고 있다. 이제 도서관인들이 힘을 모아 민주적이고 투명한 리더십을 세워 나가야 한다.

한국도서관협회뿐 아니라, 일부 집단의 목소리만 대변하고 별다른 활동을 하지 않아 비판을 받고 있는 공공도서관협의회 등 각종 단체들도 스스로 사명을 재정의하고 도서관인 전체의 목소리를 담기 위해 노력해야 한다. 코로나 시대 의료인들의 헌신과 희생에 온국민이 박수를 보낸 것처럼, 도서관의 사명을 위해 헌신하는 도서관인들이 국민으로부터 진정으로 인정받을 수 있도록 노력해야 한다. 급변하는 환경 속에서 도서관의 사명과 역할을 분명히 하고, 시민들과 함께 도서관의 시대를 열어 갈 도서관인들을 우리 사회는 기다리고 있다.

# 공공도서관의
# 확장된 역할을 위하여

공공도서관이 많이 건립되면서 도서관에 관심 어린 눈길을 보내는 사람이 많아졌다. 도서 열람과 대출은 기본이고, 인문학 강연과 문화 행사를 일상적으로 진행하며, 전시실과 마을기록관까지 갖춘 복합문화예술공간으로 발전해야 한다는 기대도 있다. 다른 한편으로는 독서 인구가 줄어들고 전자책과 오디오북 등이 활성화되면 물리적 공간으로서 도서관이 계속 존재할 수 있겠느냐는 회의적 시각도 존재한다. 사회 변화의 속도가 상상을 뛰어넘을 정도로 빠른 우리 시대에 도서관은 앞으로 어떤 모습으로 변화 발전하게 될까? 시민들은 지역 공공도서관에 어떤 역할을 기대하고 있으며, 도서관은 얼마나 그런 기대에 부응하고 있을까?

## 공공도서관을 둘러싼 최근 이슈들

공공도서관에서는 최근 몇 년 동안 도서관 장서와 관련한 논란이 여러 번 있었는데, 2021년에는 유난히 이 문제가 도드라진 해였다. 도서관의 희망도서에 특정 정치 성향의 도서를 구입해 달라거나, 특정한 도서의 소장 여부에 대해 민원 형태의 비판이 조직적으로 제기되기도 했다. 이영훈 전 서울대 교수 등의 『반일 종족주의』, 박원순 전 시장의 죽음을 둘러싼 의문을 취재한 손병관 기자의 『비극의 탄생』, 대한민국 건국과 5.18에 대한 특정 도서 등이 찬반 논란을 일으킨 대표적인 책들이다.

덴마크 작가 페르 홀름 크누센이 쓴 성교육 도서 『아기는 어떻게 태어날까』를 도서관에서 치워 달라는 항의 전화가 쏟아지기도 했고, 특정 여성학자의 책을 페미니즘 도서로 지목하며 도서관 장서로 비치하지 말 것을 주장하는 이용자도 있었다. 성추행 혐의로 피소된 아동문학가 한예찬의 책을 도서관에 계속 비치할 것인가 하는 논란도 있었다. 무엇보다 아이들이 읽는 책이기에 마땅히 도서관에서 금지되어야 한다는 의견이 우세했지만, 다른 한편에서는 작가의 행위를 이유로 그의 책을 공공도서관에서 금지하는 것이 온당한가라는 반론도 제기되었다. 사서들의 논의에 따라 문제가 되는 책에 별도 표시를 해서 이용자들에게 정보를 제공하는 도서관도 있고, 책을 비치하지 않는 이유와 원칙을 이용자들에게 알리고 책을 서가에서 치우는 도서관도 있었다.

이 문제와 관련해 서울시사서협의회 및 한국도서관협회에서 포럼을 열기도 했는데, 도서관계에서는 어떤 자료이든 도서관에 비치하여 이용자가 선택하고 판단할 기회를 제공하는 것이 도서관 정신에 부합한다는 의견이 우세한 편이다. 정치적 압력이나 외부의 간섭에 의해 사서가 장서를 선정하는 과정에서 제한을 받을 경우, 그 책을 읽고자 하는 또 다른 이용자의 권리를 침해할 수 있다는 것이다. 지식의 자유를 수호하는 것은 도서관의 중요한 사명이기도 하다.

이용자의 참여를 높이려는 취지에서 시작된 희망도서제도도 실행 십여 년을 넘긴 지금, 긍정적 요소와 부정적 요소를 잘 평가하여 개별 도서관에서 선택적으로 실시하거나 운영 방법을 조정할 필요가 있다고 생각한다. 저자나 출판사 등이 마케팅 전략으로 활용하거나, 특정 종교 및 정치 편향 도서를 의도적으로 신청하는 경우가 상당수 있는 것이 현실이다. 자신들이 신청한 도서가 구입되지 않을 경우 민원을 제기하기 때문에 사서들은 어쩔 수 없이 구입하게 되고, 이렇게 희망도서가 채워진다면 공공도서관의 계획에 따른 균형 잡힌 장서 구성이 어려워질 것이다. 시행하는 자치단체가 점점 늘고 있는 희망도서바로대출제의 경우에도 도서관 장서의 질이 떨어지고 중복 도서가 과다하게 구입되는 등의 문제점이 나타나고 있는 실정이다. 이용자가 읽고 싶은 책을 신청하여 구입하는 제도 자체의 취지는 살리면서 문제점은 보완하는 좋은 방법은 없을지 지혜를 모아야 할 때다.

사서들이 여성이 많아 공공도서관 장서가 연성화되어 있다는 일각의 비판도 있다. 제한된 도서구입비 범위 안에서 수서담당자의 개인 취향과 도서에 대한 지식 정도가 수서 과정에서 어떤 형태로든 영향을 미칠 수밖에 없기 때문에 근거 있는 비판이라고 생각한다. 몇 년 전 크게 유행한 '소확행'이나 자기계발서들, 최근에는 4차 산업혁명과 메타버스 관련까지 비슷한 주제의 책들이 다량으로 도서관에 입고되면, 결국 시민들 입장에서는 공공도서관 장서의 다양성과 깊이가 부족하다는 느낌을 받을 수밖에 없다. 연간 엄청난 양의 책들이 출간되는 현재 우리나라 출판 상황에서 마케팅에 많은 비용을 투입할 수 있는 특정 출판사의 책이나 시류에 편승하는 책들이 공공도서관에 비치될 가능성이 높은 것 또한 사실이다.

이 문제를 해결하는 방법으로 시·군·구 대표도서관을 중심으로 지역 단위에서 분담 수서를 하는 것이 대안으로 제시되고 있다. 국립중앙도서관이나 지역대표도서관에서 사서 대상으로 공공도서관 장서 구성의 원칙과 철학에 대한 교육을 강화하고, 실제적 도움을 줄 수 있도록 더 노력할 필요도 있다. 도서관에 읽을 책이 없다는 시민들의 한탄, 의미 있고 귀한 책을 펴내도 공공도서관에 비치될 기회를 얻지 못하는 작은 출판사들의 어려움을 도서관이 함께 고민하고 풀어 나가기 위해 노력해야만 할 것이다.

양서의 폐기도 매우 안타깝다. 시·구 단위 공공도서관의 규모가 크지 않고, 자료실 외에도 문화강좌실, 동아리실, 전시실, 최근에는 메이커스페이스나 스튜디오까지 도서관에 만드는 추세이다 보니, 10만 권 이상의 장서를 비치할 수 있는 도서관이 많지 않다. 그러다 보니 의미 있고 귀한 책보다는 인기와 유행을 좇는 책들 위주로 비치되고, 계속 구입되는 신간들에 밀려 좋은 책들은 대출될 기회조차 얻지 못한 채 폐기되는 경우가 허다하다.

이런 문제를 해결할 방법은 무엇일까? 필요로 하는 기관이나 작은도서관 등에 기증을 하기도 하지만 역부족이다. 가볍고 재미있는 책을 선호하는 요즘 사람들의 독서 경향을 탓할 수는 없지만, 다양한 형태의 책 읽기 교육과 책 모임 등을 활성화시키고 독서 문화를 변화시키기 위해 노력할 수 있을 것이다. 그 외에도 좋은 책을 눈에 띄는 위치에 전시하거나 권장 도서로 추천하는 등 도서관에서 할 수 있는 범위에서 각별하게 관심을 갖고 노력하면 어떨까 한다.


## 공공도서관의 변화와 혁신을 위해 할 일

많은 도서관들이 인기 작가나 인문학 강사를 반복적으로 초청하는 것이 우리 문화 발전에 어떤 도움이 될지에 대해서도 논의가 필요하다. 문체부가 지원하는 사업으로 해마다 전국의 수백 개 공공도서관에서 실시하는 '길 위의 인문학' 같은 인문학 프로그램이 많아졌다. 인문독서아카데미, 북콘서트, 작가와의 대화 등 공공도서관의 문화 프로그램에 대한 지원과 예산이 커진 만큼 전국 도서관에서 작가 초청 행사나 인문학 강연이 풍성하게 열리고 있다. 반가운 일이지만, 일부 인기 강사들에게 강연 의뢰가 집중되면서 그들은 강사료가 점점 높아지는 반면, 의미 있고 귀한 책을 펴내는 다수의 인문학자나 작가들은 기회조차 얻지 못하는 경우가 많다.

참가자들을 쉽게 모을 수 있는 유명 작가 위주로만 섭외가 이루어지는 것에 대해서는 평가가 필요하다고 생각한다. 인문학이 결국 우리 삶의 문제를 성찰하고 나아갈 방향을 모색하는 일이기에, 일방적 강의식 프로그램보다는 질문하고 토론하는 쌍방향 프로그램에 대한 모색과 시도가 더 적극적으로 이루어질 필요가 있다. 더불어 마을에 있는 인문학자들을 발굴하고 열심히 살아가는 이웃들의 이야기에 귀를 기울이는 등 마을 인문학 문화를 뿌리내리는 것에 관심을 갖고 도서관이 더 노력하면 좋겠다.

지금 우리 사회는 주류 언론의 영향력이 감소하고 미디어 매체가 다변화되면서 공적 담론의 위기와, 가짜 뉴스들이 야기하는 사회 갈등에 직면하고 있다. 지식과 정보를 다루고 공공성을 생명으로 하는 도서관은 이러한 문제에 대해 함께 고민하고 해결하기 위해 노력해야 할 것이다. 도서관의 역할이 커지고 있지만, 우리 사회가 요구하는 소명을 감당하기 위한 변화와 혁신은 더 전방위적이고 과감하게 이루어져야 한다.

다른 분야와 마찬가지로 도서관 역시 내·외부자들이 넘나들며 문제제기와 비판, 토론 등 공적 담론이 활발하게 펼쳐져야만 건강한 발전이 가능할 것이다. 그런 의미에서 학교도서관 문제를 다룬 『학교도서관저널』이 학교도서관 발전에 큰 역할을 했듯이, 공공도서관에 관한 저널도 만들어져 도서관 담론들이 활발하게 이루어지면 좋겠다.

도서관이 우리 사회에서 주목받는 만큼, 그 역할을 더 크게 해 나가기 위해 할 일이 무엇일지 고민하고 논의해야 할 것이다. 무엇보다 우리 사회가 앓고 있는 여러 문제들, 차별과 갈등, 소외, 빈부 격차, 환경문제, 기후위기 같은 것들을 더 적극적으로 도서관이 안고 함께 고민해 나가야 할 것이다. 도서관에서 다양한 의견들이 소통될 수 있도록 공론의 장을 열어 주며, 건강하고 대안적인 논의들이 펼쳐질 수 있도록 노력해야 할 것이다. 그리하여 우리 동네 공공도서관이 시민성을 기르고 사람과 사람, 사람과 세상을 이어 주는 관계와 연결의 공간이 되도록 노력해야 할 것이다. 그럴 때에만 읽을 권리, 공공성, 배움과 교류의 장이자 환대의 공간으로서 도서관이 우리 사회에 굳건하게 자리 잡고 뿌리내리게 될 것이다.

세상 모든 일이 그렇듯 도서관의 변화도 저절로 만들어지는 것은 아닐 것이다. 시민을 위한 공공도서관의 확장된 역할은 도서관에서 일하고 도서관을 누리는 자들의 노력에 의해 가능할 것이다.

지식과 문화의 공공성을 위한 길 찾기

# 다 함께 행복한 공공도서관

초판 1쇄 발행  2022년 1월 17일

지은이  신남희
펴낸이  오은지
책임편집  변흥철
편집  변우빈
펴낸곳  도서출판 한티재 | 등록  2010년 4월 12일 제2010-000010호
주소  42087  대구시 수성구 달구벌대로 492길 15
전화  053-743-8368 | 팩스  053-743-8367
전자우편  hantibooks@gmail.com | 블로그  blog.naver.com/hanti_books
한티재 온라인 책창고  hantijae-bookstore.com

ⓒ 신남희 2022
ISBN  979-11-90178-86-0  04020
ISBN  978-89-97090-40-2  (세트)